Hildegard Maier-Salmen

DAS
LANDFRAUEN
Obstbuch

Köstliche Rezepte rund um Apfel,
Birne und Pflaume

GONDROM

© Gondrom Verlag GmbH, Bindlach 2005

Redaktion und Producing: twinbooks, München
(Annerose Sieck, Claudia Gründig)
Covergestaltung: HildenDesign, München
Umschlagfotos: Kumicak/Mauritius Images;
Isabelle Rozenbaum/PhotoAlto;
lab 2000/München; Eigenarchiv HildenDesign

016

ISBN 3-8112-2610-X

5 4 3 2 1

Inhalt

Vorwort   5

Fruchtiger Genuss   6

Vorspeisen und Salate   11

Hauptgerichte süß und pikant   29

Kuchen und Gebäck   61

Desserts   91

Getränke   131

Rezeptverzeichnis   143

Vorwort

Nach dem Trend der letzten Jahre – dem geschmacklosen Einerlei aus Fertiggerichten, Convenience-Produkten und Tiefkühlkuchen – erobern mittlerweile wieder mehr traditionelle Gerichte den heimischen Esstisch. Gesundheitsbewusste Verbraucher greifen dabei verstärkt zu schmackhaftem Obst aus der Region. Kochen und Backen wie auf dem Lande ist wieder in.

Beliebteste Obstsorte ist nach wie vor der Apfel, der in sich alle lebenswichtigen Nährstoffe vereint. Wen wundert es? Schon Eva konnte dieser köstlichen Paradiesfrucht nicht widerstehen. Als verbotene Frucht und Frucht der Erkenntnis ist der Apfel das christliche Symbol für die Vertreibung aus dem Paradies. Als Symbol der Liebe, der Schönheit, des Glücks und der Macht erlangte der Apfel mystische und historisch-symbolische Bedeutung. Die Römer, die bekanntlich keinem kulinarischen Genuss abgeneigt waren, kannten bereits 37 Apfelsorten. Aber auch die Birne galt im alten Ägypten, in Griechenland, Rom und China wegen ihres zarten Fruchtfleisches als überaus geschätzte Frucht. Die Pflaumen wurde ebenso hoch geschätzt. Die aus China stammende Obstsorte brachten im 12. Jahrhundert Kreuzritter nach Mitteleuropa.

Äpfel, Birnen und spät reifende Zwetschgen gehören in unseren Breitengraden seit langem zum beliebtesten Obst im Spätsommer, Herbst und Winter. Günstige Einkaufsquellen für Obst sind neben gut sortierten Supermärkten mit »Regional-Theke« grüne Wochenmärkte, Bioläden und Bauern mit Direktvermarktung. Mittlerweile gibt es immer mehr traditionelle regionale Bauernmärkte, auf denen im Herbst neben Obst auch Gemüse sowie selbst gemachte Marmeladen und Liköre zu entdecken sind. Dort finden Sie oft alte Obstsorten, die überdurchschnittlich reich an Vitamin C und besonders lange lagerfähig sind.

Die Zutaten für die Rezepte in diesem Buch sind – wenn es nicht anders vermerkt ist – für 4 Personen berechnet. Für viele Rezepte wird der Backofen vorgeheizt. Die meisten Öfen benötigen dafür 10 bis 15 Minuten. Umluftherde müssen nicht vorgeheizt werden.

Fruchtiger Genuss

Es dauerte lange, bis aus primitiven Wildobstsorten heutige Sorten entstanden waren. Forschungen zeigen, dass es Vorläufer der Wildobstarten schon vor 65 bis 79 Millionen Jahren in Südostasien gab und die Anfänge des kultivierten Anbaus in der Blütezeit des Perserreichs liegen. In der griechisch-römischen Antike entwickelten die Menschen den Obstanbau zu einer Hochkultur. Römer brachten auf ihrem Weg nach Norden ihr Wissen zu uns. Dieses ging später jedoch weitgehend verloren.

Neue Impulse bekam der Obstanbau und damit die Entwicklung der Sorten erst wieder im Mittelalter – durch keinen Geringeren als Karl den Großen. Die ersten deutschen Sortennamen etwa waren *Gormaringer*, *Geroldinger* und *Crevedeller*.

In der Folge trugen vor allem Klöster zur Weiterentwicklung des Obstbaus bei. Sie förderten den Anbau in bäuerlichen Kreisen und lehrten Anbau- und Pflegemethoden. Je nach Qualität und Anpassungsfähigkeit entstanden lokale, regionale oder überregionale Sorten. Eine gezielte Obstzüchtung begann aber erst nach 1900.

Kauf und Lagerung

Obst wird generell nach Farbe, Form und Größe sortiert. Die Einteilung erfolgt meist in 3 bis 4 Klassen. Qualitätsklassen von Obst geben allerdings keine Hinweise auf die Reife von Früchten. Gute, genussreiche Früchte erkennt man am aromatischen Duft. Zudem sollte das Fruchtfleisch bei Birnen und Pflaumen auf leichten Fingerdruck nachgeben. Bevorzugen Sie saisonale Produkte; sie schmecken nicht nur besser, sie haben auch mehr gesundheitsfördernde Inhaltsstoffe als importiertes Obst.

Je höher die Lagertemperatur, desto schneller altert Obst und verliert seine natürliche Widerstandskraft gegenüber dem Befall durch Mikroorganismen. Kälte ist ein natürliches Frischhaltemittel. Obst sollte nur kurze Zeit aufbewahrt werden.

Bei Winteräpfeln ist jedoch eine längere Vorratshaltung möglich – am besten werden sie kühl und bei hoher Luftfeuchtigkeit gelagert. Birnen lassen sich selbst bei optimalen Lagertemperaturen nur wenige Tage beziehungsweise wenige Wochen aufbewahren. Unreife Birnen lagert man am besten bei Zimmertemperatur; viele Früchte sind bereits innerhalb von 3 bis 4 Tagen genussfähig. Für Pflaumen eignet sich vor allem der Kühlschrank zur kurzfristigen Lagerung. Generell sollte Obst nie zusammen mit Kartoffeln gelagert werden, weil dies die Haltbarkeit verringert und den Geschmack verändert.

Kochen — aber wie?

Beim Kochen mit Obst sollte man einige Punkte beachten. Wichtig sind der Reifegrad, die Sorte und die Größe der Früchte, unabhängig davon, ob man sie blanchiert, schmort, kocht, dünstet, frittiert, backt oder brät. Zum Garen und Backen ist festes knackiges Obst am besten geeignet. Birnen sollten noch nicht ganz reif sein. Möchte man ein Mus herstellen, nimmt man hingegen sehr reifes weiches Obst. Beim Backen mit Äpfeln, Birnen und Zwetschgen sollte man auf den Feuchtigkeitsgehalt der Früchte achten. Sehr saftiges Obst kann den Teig leicht matschig machen. Werden die Früchte hingegen pochiert oder geschmort, ist saftige Qualität ideal.

Gesundheitsnutzen

Äpfel enthalten je nach Sorte bis zu 300 unterschiedliche Substanzen. Ihr Zuckergehalt beträgt bis zu 12 Prozent. Der Vitamingehalt variiert je nach Sorte. *Berlepsch*, *Ontario* und *Boskop* sind mit 20 bis 40 mg/100 g besonders reich an Vitamin C. Der Durchschnittsgehalt von Äpfeln liegt bei 12 mg/100 g. Äpfel liefern zudem Pektine, also unlösliche Ballaststoffe, welche Verdauung und Darmtätigkeit sanft fördern. Außerdem sind Pektine in der Lage, Schadstoffe zu binden und aus dem Körper auszuscheiden. Nicht zu vergessen ist die hohe Zahl an sekundären Pflanzenstoffen, die den Apfel zu einem der wertvollsten Obstarten machen, vorausgesetzt, Sie wählen eine heimische, biologisch angebaute Sorte.

Birnen müssen den Vergleich mit Äpfeln nicht scheuen. Nicht umsonst bezeichnete Homer die aromatischen Früchte als ein »Geschenk Gottes«. Für Kalorienzähler ist sie wegen des geringeren Säuregehalts im Vergleich zum Apfel eine lieblichere und bekömmlichere Alternative. Die gesundheitsfördernde Wirkung roh verspeister Birnen wird im Körper durch eine Reihe an sekundären Pflanzenstoffen verstärkt. Es sind dies Aromastoffe, Enzyme und Pflanzenhormone. Zu ihnen zählt auch die Gerbsäure, die entzündungshemmende Eigenschaften hat. Rohe Birnen leiten Giftstoffe aus dem Körper aus. Auch eignen sie sich für Reduktionsdiäten. Gekochte Birnen sind dagegen leichter verdaulich und deshalb für empfindliche Mägen geeignet.

Pflaumen und Zwetschgen liefern Vitamin C, Provitamin A, B-Vitamine und – wie alle blauen Früchte – sind sie reich an Anthozyanen, die zur Gruppe der sekundären Pflanzenstoffe gehören und eine entzündungshemmende, Gefäß schützende und Cholesterinspiegel senkende Wirkung haben. Die Fruchtsäuren der Pflaume wirken appetitanregend, indem sie die Speichel- und Magensaftproduktion anregen. Getrocknete Pflaumen sind als klassische und hochwirksame Verdauungshilfe geschätzt.

Ein bunter Obstkorb

Äpfel

Frühsorten sind nicht lagerfähig und zum Sofortkonsum bestimmt:
- *Klarapfel:* Ab Mitte Juli essreif. Gelbgrüne, glatte Haut, grünlich-weißes Fruchtfleisch, knackig und saftig.
- *Gravensteiner:* Ab Mitte August essreif. Gelbgrüne, rot gestreifte Haut, aromatisch und saftig.
- Weitere Sorten: *James Grieve, Goro, Vista Bella*

Herbstsorten sind nur beschränkt haltbar, je nach Sorte 1 bis 3 Monate.
- *Cox Orange:* Ab Mitte Oktober essreif. Grünrote Haut, fein fleischig, leicht säuerlich im Aroma.
- *Berner Rosen :* Ab Mitte Oktober, eine alte rotschalige Apfelsorte, kräftig im Geschmack mit einer erfrischenden Säure.
- Weitere Sorten: *Goldparmäne, Empire, Elstar, Red Delicious, Sauergraueck, Starkrimson*

Winter-/Lagersorten eignen sich gut zum Einlagern. Wer einen kühlen Keller hat, kann diese Äpfel längere Zeit aufbewahren.
- *Jonagold:* Ab Mitte September. Gelbe, rot marmorierte Haut, knackig und reich an Zucker. Zum Rohessen und für Kompott, Auflauf, Kuchen und Mus geeignet.
- *Boskop:* Ab Mitte September. Raue, gelbgrüne, leicht rostige Haut, mit festem Fruchtfleisch, aromatisch und vor allem in der Küche für alle Verwendungszwecke besonders beliebt.
- *Glockenapfel:* Ab Anfang Oktober. Ein glockenförmiger, gelber Apfel mit erfrischend säuerlichem Fruchtfleisch. Gut zum Rohessen geeignet.
- *Maigold:* Ab Mitte Oktober, rot marmorierte Haut, saftiges, angenehm würziges Fruchtfleisch, wenig Säure, zum Rohessen ebenso beliebt wie in der Küche.
- *Berlepsch:* Ab Mitte Oktober. Die grüngelbe Haut ist leicht rau, saftig und erfrischend im Geschmack.
- Weitere Sorten: *Reinette, Gloster, Schweizer Orangenapfel*

Birnen

Frühsorten sind nur kurze Zeit im Angebot, nicht lagerfähig und sollten vom Baum genossen werden.
- *Frühe von Trévoux:* Essreif von Ende Juli bis Ende August. Eine erfrischende, angenehm säuerlich und gut gewürzte Tafelbirne.
- *Dr. Jules Guyot:* Essreif von Mitte August bis Mitte September. Eine besonders saftige, nur leicht gewürzte Birne mit angenehmer Säure.
- *Butterbirne:* Butterbirnen zeichnen sich vor allem durch ihre dünne Haut und ein schmelzendes, saftig-süßes Fruchtfleisch aus. Ideal zum

sofortigen Verzehr und für Rezepte, in denen ungeschälte Birnen verlangt werden.

Herbstsorten sind essreif von Ende August bis Ende Oktober.
- *Williams Christ:* Große, glockenförmige Frucht, erst gelblich-grün, später gelb, auch mit roten Bäckchen. Das süße, feste, aromatische Fleisch ist nicht ganz reif ideal zum Kochen und Backen und vollreif gut im Salat.
- *Forelle:* Kleine, aromatische Birne von grüner Farbe. Reif hat sie leuchtend rote Bäckchen. Angenehm saftig, wenn sie vollreif ist, aber strohig und trocken, wenn sie zu früh verwendet wird. Besonders gut für Salat oder auf einer Käseplatte geeignet.

Winter-/Lagersorten sind ab Mitte September beziehungsweise Mitte Oktober essreif.
- *Kaiser Alexander:* Auch Bosc's Flaschenbirne oder Kaiserkrone genannt. Hellgrün, zimtfarbig berostet und von schlanker Form. Festes Fleisch, gelblich, saftig und süß. Auch vollreif zum Kochen und Backen verwendbar.

Pflaumen

Pflaumen und Zwetschgen sind eng mit Mirabellen und Reineclauden verwandt. Pflaumen sind eher rundlich, haben ein weiches Fruchtfleisch und schmecken am besten frisch. Die Hauptsaison ist von Juli bis August. Die Zwetschgensaison dauert – je nach Sorte – von Anfang August bis ungefähr Mitte Oktober. Mirabellen und Reneiclauden findet man leider nur noch selten, meist auf dem Wochenmarkt.

Hauptsorten
- *Faferpflaume:* Gelbgrüne, oval geformte Pflaume mit süßem Fruchtfleisch. Der Pflaumenbaum lässt sich ohne besondere Ansprüche anbauen und trägt viele Früchte. Die Pflaumen sind mannigfaltig verwendbar.
- *Königin Viktoria:* Eine große und sehr saftige Pflaume, deren Fruchtfleisch sich gut vom Stein löst. Die Farbe der Früchte ist rötlich-violett, sie lassen sich zum Kochen und Backen nutzen.
- *Bühler Frühzwetschge:* Mittelgroße, blauschwarze Zwetschge mit grüngelbem, festem Fruchtfleisch, das sich nicht immer gut vom Stein löst, im Aroma säuerlich-süß. Für Frischkonsum und Kompott oder Kuchen geeignet.
- *Fellerberg Zwetschge:* Große, blaurote bis blauschwarze Zwetschge mit grüngelbem bis goldgelbem saftigem Fruchtfleisch, löst sich gut vom Stein. Säuerlich-süß und kräftig gewürztes Fruchtfleisch. Eignet sich sowohl zum Kochen und Backen, als auch zum Tiefkühlen oder Dörren.
- *Hauszwetschge:* Mittelgroße, blaurote bis blauschwarze Zwetschge mit orangegelbem, festem Fruchtfleisch, welches sich gut vom Stein löst. Säuerlich-süß und kräftig gewürztes Fruchtfleisch. Vielseitig verwendbar.

Vorspeisen und Salate

Rohkostsalat mit Äpfeln und Roter Bete

Für das Dressing:

150 g Joghurt

100 g Crème fraîche

1 Knoblauchzehe

1 Zwiebel

½ Bd. Petersilie

½ Bd. Schnittlauch

1 Prise Salz

frisch gemahlener Pfeffer

1 TL Ahornsirup

Für den Salat:

150 g Feldsalat

300 g Rote Bete

200 g Knollensellerie

300 g säuerliche Äpfel

1. Für das Dressing Joghurt und Crème fraîche verrühren. Knoblauch abziehen und durch die Presse drücken, Zwiebel abziehen, fein hacken. Beides unter die Joghurtcreme rühren.

2. Kräuter waschen und trockentupfen. Petersilie fein hacken, Schnittlauch in Röllchen schneiden. Beides unter das Dressing rühren. Mit Salz, Pfeffer und Ahornsirup abschmecken.

3. Feldsalat verlesen, gründlich waschen und trockenschleudern. Rote Bete und Knollensellerie waschen, schälen und mit einer groben Reibe raspeln. Äpfel schälen, vierteln, Kerngehäuse entfernen und grob reiben.

4. Rote Bete, Sellerie und Äpfel sofort mischen und auf 4 Teller je in der Mitte anrichten. Den Feldsalat darum herum verteilen und das Dressing darüber geben.

Gut schmeckt auch eine Kombination aus Rettich, Roter Bete und jungem Blattspinat.

Mein Tipp:

Apfel-Fenchel-Salat

1. Fenchelknollen halbieren, den Kern entfernen und Fenchel in dünne Scheiben schneiden.

2. Walnüsse grob hacken. Zitrone und Orange waschen, abtrocknen und je die Hälfte der Schale fein abreiben. Orange schälen und filetieren, Zitrone halbieren und eine Hälfte entsaften.

3. Äpfel vierteln, Kerngehäuse entfernen und quer in feine Streifen schneiden. Sofort mit Zitronensaft beträufeln, damit sie sich nicht braun verfärben.

4. Aus Kefir, saurer Sahne, Saft von ½ Zitrone, Zitronen-, und Orangenschale, Zucker, Pfeffer und Salz ein Dressing anrühren.

5. Vorbereitetes Obst, Gemüse und Nüsse vorsichtig mischen. Das Dressing unterheben. Petersilie waschen, trockentupfen, die Blättchen von den Stängeln zupfen und fein hacken. Salat mit Petersilie garnieren und frisch servieren.

Mein Tipp:

_____

_____

_____

_____

_____

Für den Salat:

2 mittelgroße Fenchelknollen

200 g Walnusskerne

je 1 unbehandelte Zitrone und Orange

2 mittelgroße grüne Äpfel

Für das Dressing:

500 g Kefir

2 EL saure Sahne

1 Prise Zucker

1 Prise Pfeffer

1 Prise Salz

½ Bd. Petersilie

Birnen-Brie-Salat

3 feste saftige Birnen

Saft von ½ Zitrone

200 g Brie (zimmerwarm)

1 roter Eichblattsalat

1 EL Estragonessig

3 EL geschmacks-
neutrales Öl

50 g gehackte Pinienkerne

1. Birnen waschen, halbieren, Kerngehäuse entfernen und längs in feine Spalten schneiden. Sofort mit Zitronensaft beträufeln. Brie in kleine Keile schneiden.

2. Salat waschen und trockenschleudern, in mundgerechte Stücke zerpflücken und auf 4 Teller verteilen.

3. Essig und Öl kräftig aufschlagen, über den Salat träufeln und mit den Nüssen bestreuen. Sofort servieren.

Mein Tipp:

Brunnenkresse-Rucola-Salat mit Birne

(für 1 Person)

2 große Hand voll Rucola
(Rauke)

2 große Hand voll
Brunnenkresse

1 reife aromatische Birne

2 EL Olivenöl

1 Spritzer Zitronensaft

1 Prise Salz

schwarzer Pfeffer

50 g Parmesan am Stück

30 g zerstoßene Walnüsse

1. Salat putzen, waschen und trockenschleudern. Brunnenkresse waschen. Birne waschen, halbieren, Kerngehäuse entfernen und längs in feine Scheiben schneiden. Mit Brunnenkresse und Rucola in eine Schüssel füllen.

2. Mit Olivenöl und Zitronensaft beträufeln, salzen und pfeffern, Walnüsse unterheben. Mit dünn gehobeltem Parmesan bestreuen und sofort servieren.

Dieser Salat eignet sich nicht nur als Vorspeise, sondern passt auch gut als Beilage zu gebratenem Fleisch.

Mein Tipp:

Apfel-Gurken-Salat mit gebratenem Lammfilet

1. Gurke schälen, längs halbieren, entkernen und in 1 Zentimeter breite Stücke schneiden. Apfel waschen, halbieren, Kerngehäuse entfernen und in Würfel schneiden. Sofort mit etwas Zitronensaft beträufeln. Gurke und Apfel in einer Schüssel mischen.

2. Einen Dillzweig fein schneiden. Knoblauch abziehen und mit der flachen Seite eines Messers zusammen mit 1 Prise Salz zerdrücken.

3. Joghurt und Sahne mit dem Schneebesen verrühren. Mit Salz, Zucker, Pfeffer, Dill und Knoblauch abschmecken. Die Marinade unter die Apfel-Gurken-Mischung heben.

4. Lammfilets waschen, trockentupfen und mit Salz, Pfeffer und Bohnenkraut würzen. Im heißen Öl beidseitig braten.

5. Apfel-Gurken-Salat auf 2 Teller verteilen, die Filets in Streifen schneiden, dazulegen und mit dem Dill garnieren.

Mein Tipp:

_____

_____

_____

_____

(für 2 Personen)

1 Salatgurke

1 aromatischer Apfel

etwas Zitronensaft

2 Dillzweige

2 Knoblauchzehen

150 g Joghurt

2 EL Sahne

Salz, Zucker

Pfeffer

2 Lammfilets

Öl zum Braten

etwas Bohnenkraut

Marinierte Renke mit Apfel-Kartoffel-Salat

2 Renken, 180 g Dill

1 TL Korianderkörner

2 Wacholderbeeren

abgeriebene Schale von
½ unbehandelten Zitrone

1 EL geschmacksneutrales Öl

1 TL scharfer Senf

15 g Salz, 15 g Zucker

Für den Salat:

1 roter Apfel

½ kleine Salatgurke

1 kleine gekochte Kartoffel

150 g saure Sahne

1 TL scharfer Senf

Pfeffer, Salz, Zucker

etwas Zitronensaft

1. Für die Renken Fische schuppen, filetieren und Gräten entfernen. Dill waschen, von den Stängeln zupfen und fein schneiden. Koriander und Wacholder zerdrücken, fein geriebene Zitronenschale mit Öl, Senf, Salz und Zucker mischen.

2. Die Hälfte der Kräutermasse in ein Gefäß geben. Fischfilets mit der Hautseite nach unten hineingeben, mit der restlichen Masse abdecken. Mindestens 6 Stunden marinieren.

3. Für den Salat Apfel und Gurke waschen, schälen, jeweils die Kerne entfernen, Kartoffel schälen. Alles in Streifen schneiden. Saure Sahne mit Senf verrühren, mit Salz, Pfeffer, Zucker und Zitronensaft abschmecken und vorsichtig unter den Salat mischen.

4. Fisch aus der Marinade nehmen, in dünne, schräge Stücke schneiden. Den Fisch auf 4 Teller verteilen und den Salat darauf anrichten. Mit Dill garnieren.

Mein Tipp:

Apfel-Endivien-Salat

1 Endiviensalat

3 kleine süß-saure Äpfel

4 EL Olivenöl

2 EL Apfelessig

Salz

Pfeffer

1. Salat putzen, in feine Streifen schneiden, waschen und trockenschleudern. Äpfel waschen, vierteln, Kerngehäuse entfernen und quer in dünne Scheiben schneiden. Beides in einer Schüssel vermengen.

2. Für die Soße Öl und Essig kräftig verrühren, mit Salz und Pfeffer abschmecken. Über den Salat geben und sofort servieren.

Mein Tipp:

Birnensalat mit geräucherter Forelle

1. Rucola oder Frisée waschen, trockenschleudern. Stangensellerie waschen, schräg in ½ Zentimeter dicke Stücke schneiden und im kochenden Wasser 2–3 Minuten blanchieren. Abkühlen lassen. Birnen waschen, halbieren, Kerngehäuse entfernen und längs in feine Spalten schneiden. Sofort mit Zitronensaft beträufeln.

2. Rucola oder Frisée etwas zerrupfen und auf 4 große Teller anrichten. Forelle in grobe Stücke zerteilen. In einer Schüssel Sellerie, Birnen und Forelle vermengen, auf dem Salat verteilen.

3. Schnittlauch und Estragon waschen und trockentupfen. Schnittlauch in feine Röllchen schneiden, Estragon fein hacken. Oliven- und Walnussöl mit dem Schneebesen verschlagen, Essig langsam zugießen. Weiter schlagen, bis eine sämige Mischung entsteht. Schnittlauch, Estragon, Salz und Pfeffer unterrühren.

4. Mischung auf den Salat geben, mit Zitronenscheiben garnieren und sofort servieren.

Mein Tipp:

_____

_____

_____

_____

Zutaten
1 Bd. Rucola (Rauke) oder 1 Frisée
2 Stangensellerie
3 kleine reife aromatische Birnen
etwas Zitronensaft
4 geräucherte Forellenfilets
1 Bd. Schnittlauch
1 Bd. Estragon
4 EL mildes Olivenöl
2 EL Walnussöl
3 EL Cidre-Essig
Salz, Pfeffer
Zitronenscheiben zum Garnieren

Gartensalat mit Birnen und Haselnüssen

½ Kopf Frisée

½ Kopfsalat

½ Lollo rosso

50 g Feldsalat

75 g Haselnusskerne

2 reife rote Birnen

1 Knoblauchzehe

Salz

5 EL Haselnussöl

2 EL Sherry-Essig

Pfeffer

1. Frisée, Kopfsalat, Lollo rosso und Feldsalat putzen, waschen und trockenschleudern. Größere Salatblätter etwas zerrupfen.

2. Haselnusskerne hacken und in einer Pfanne trocken rösten. Abkühlen lassen.

3. Birnen waschen, halbieren, Kerngehäuse entfernen und in Würfel schneiden. Knoblauch abziehen und mit der flachen Seite eines Messers zusammen mit 1 Prise Salz zerdrücken.

4. Knoblauch mit Öl in einer Schüssel verrühren, Essig langsam zugießen und unterrühren. Mit dem Schneebesen so lange schlagen, bis eine sämige Mischung entsteht. Salate und Birnen zugeben und gut vermengen. Mit Salz und Pfeffer abschmecken.

5. Auf Portionsteller anrichten und mit Haselnüssen bestreuen.

Mit Stangenbrot serviert können Sie den Salat auch als kleinen Imbiss anrichten.

Mein Tipp:

Birnen-Gurken-Salat

1. Birnen waschen, halbieren, Kerngehäuse entfernen und in etwa 2 Zentimeter dicke Würfel schneiden. Gurke schälen, der Länge nach halbieren, Kerne entfernen und in 1 Zentimeter dicke Stücke schneiden. Brunnenkresse putzen, waschen und trockenschleudern.

2. Schale und Saft der Zitrusfrüchte mischen, Honig langsam zugießen. Mit dem Schneebesen so lange schlagen, bis eine sämige Mischung entsteht. Minze waschen, trockentupfen, Blättchen von den Stängeln zupfen und fein hacken. Mit Mohnsamen zur Mischung geben. Mit Salz und Pfeffer abschmecken. Birnen und Gurke vorsichtig vermengen.

3. Brunnenkresse auf Portionsteller verteilen, darauf Birnen-Gurken-Mischung anrichten und sofort servieren.

Mein Tipp:

Für den Salat:

2 große rotschalige Birnen
2 große grünschalige Birnen
½ Salatgurke
1 Bd. Brunnenkresse

Für das Dressing:

abgeriebene Schale und Saft von je 1 unbehandelten Zitrone, Orange und Limette
5 EL flüssiger Honig
1 Bd. frische Minze
1 EL Mohnsamen
Salz, Pfeffer

Waldorfsalat

1. Stangensellerie waschen und in feine Streifen schneiden. Äpfel waschen, vierteln, Kerngehäuse entfernen und quer in Scheiben schneiden. Sofort mit Zitronensaft beträufeln. Alles in eine Schüssel geben und vorsichtig mischen.

2. Paprika waschen, entstielen und entkernen. Zwiebel abziehen. Petersilie waschen, trockentupfen, Blättchen von den Stängeln zupfen. Paprika, Gewürzgurke, Zwiebel und Petersilie fein hacken.

3. Sahne, Essig und Senf verrühren. Mit Salz, Zucker und Pfeffer abschmecken. Fein gehackte Soßen-Zutaten unterrühren.

4. Salatblätter auf Portionsteller legen, die Sellerie-Apfel-Mischung darauf anrichten, die Soße darüber träufeln. Mit Walnüssen bestreuen.

Mein Tipp:

---

500 g Stangensellerie
3 rote säuerliche Äpfel
1 EL Zitronensaft
50 g gehackte Walnusskerne
½ rote Gemüsepaprika
1 Zwiebel, ½ Bd. Petersilie
1 Gewürzgurke
6 EL Sahne
2 EL Essig, 1 TL Senf
Salz, Zucker, Pfeffer
Salatblätter zum Garnieren

Thunfisch-Apfel-Salat

2 Dosen Thunfisch in Öl
(à 150 g)

400 g rote säuerliche Äpfel

½ kleiner Kopf grüner Salat

½ Lollo rosso

2 kleine Zwiebeln

125 g Joghurt

Saft von 1 Zitrone

1 Prise Zucker

Salz

Pfeffer

1. Thunfisch in einem Sieb abtropfen lassen und zerkleinern.

2. Äpfel waschen, vierteln, Kerngehäuse entfernen und quer in Scheiben schneiden. Kopfsalat und Lollo rosso putzen, waschen und trockenschleudern. Alles in einer Schüssel vermengen. Zwiebeln schälen, halbieren und in feine Ringe hobeln.

3. Joghurt mit Zitronensaft verrühren und mit Zucker, Salz und Pfeffer abschmecken. Die Salat-Zutaten mit der Soße vermischen und auf Teller anrichten. Thunfisch und Zwiebeln darauf verteilen

Mein Tipp:

Apfel-Käse-Salat

500 g rote Äpfel

Saft von 1 Zitrone

200 g Datteln

200 g milder Bergkäse

1 unbehandelte Orange

300 g Naturjoghurt

5 EL weißer Portwein

1 TL Birnendicksaft

Salz

Pfeffer

50 g gehackte Walnüsse

1. Äpfel waschen, vierteln, Kerngehäuse entfernen und quer in feine Scheiben schneiden. Sofort mit dem Saft von ½ Zitrone beträufeln. Datteln entsteinen und in Streifen schneiden. Käse in Juliennestreifen (sehr feine Streifen) schneiden. Äpfel, Datteln und Käse in einer Schüssel vermengen.

2. Orange waschen, mit einem Zestenreißer die Schale abziehen und Orange auspressen.

3. Aus Orangenschale, Orangensaft, Saft von ½ Zitrone, Joghurt, Portwein und Birnendicksaft eine Salatsoße zubereiten. Mit Salz und Pfeffer abschmecken. Soße über die Apfelmischung geben und gut vermengen.

4. Salat auf Portionsteller anrichten und mit Walnüssen bestreuen.

Mein Tipp:

Birnen-Möhren-Salat mit Entenbrust

1. Entenbrüste waschen, mit Küchenpapier trockentupfen, Haut rautenförmig einschneiden. Mit Salz und Pfeffer würzen. Pfanne ohne Fett heiß werden lassen. Entenbrüste mit der Hautseite nach unten etwa 15 Minuten braten, wenden und weitere 5 Minuten braten.

2. Möhren waschen und schälen. Birnen waschen, halbieren, Kerngehäuse entfernen. Zucchini waschen, die Enden abschneiden. Alles in feine Streifen schneiden, in eine Schüssel geben und vorsichtig vermengen.

3. Für die Marinade Zitronensaft, Gemüsebrühe und Olivenöl kräftig verrühren. Mit Honig, Salz, Pfeffer und etwas Ingwer würzen. Salatmischung damit marinieren. Kürbiskerne ohne Fett in der Pfanne rösten.

4. Entenbrust schräg in dünne Scheiben schneiden. Salat auf Portionsteller anrichten. Entenbrust fächerförmig auf den Salat legen. Den Parmesan in feine Späne hobeln und mit den Kürbiskernen über den Salat streuen. Sofort servieren.

Dieser Salat kann ebenso gut mit Äpfeln statt der Birnen zubereitet werden.

Mein Tipp:

Für die Entenbrust:

2 Entenbrüste

Salz, Pfeffer

Für den Salat:

3 Möhren

2 feste Birnen

1 kleine Zucchini

Für die Marinade:

Saft von ½ Zitrone

5 EL Gemüsebrühe

4 EL Olivenöl

1 TL Honig

Salz, Pfeffer

etwas frisch geriebener Ingwer

40 g Parmesan am Stück

2 EL Kürbiskerne

Apfel-Kastanien-Salat

Für den Salat:

200 g geschälte Kastanien

1 EL Olivenöl

½ Frisée

½ Bd. Rucola (Rauke)

2 mittelgroße rote Äpfel

200 g blaue Trauben

Für die Marinade:

2 EL Haselnussöl

3–4 EL weißer
Balsamico-Essig

Salz, Pfeffer

1. Kastanien im Siebeinsatz im Dampf in etwa 12 Minuten weich garen. Abkühlen lassen und in einer Bratpfanne im Olivenöl kurz braten.

2. Frisée und Rucola putzen, waschen und trockenschleudern. Äpfel waschen, vierteln, Kerngehäuse entfernen und quer in dünne Scheiben schneiden. Trauben waschen, halbieren und Kerne entfernen. Salat, Äpfel und Trauben in eine Schüssel geben und vermengen.

3. Für die Marinade Öl und Essig kräftig verrühren, mit Salz und Pfeffer abschmecken. Über den Salat geben, Kastanien zugeben und vermengen. Salat auf Portionsteller anrichten und servieren.

Mein Tipp:

_____

_____

_____

Gefüllte Backpflaumen

20 g Leberpastete am Stück

24 entsteinte Trocken-
pflaumen

20 g Walnusskerne

20 g Pinienkerne

8 Scheiben Parmaschinken

geschmacksneutrales Öl
zum Braten

1. Die Hälfte der Leberpastete in 12 Streifen teilen und damit die Pflaumen füllen.

2. Walnuss- und Pinienkerne fein hacken und unter die restliche Leberpastete mischen. Damit die anderen 12 Pflaumen füllen.

3. Parmaschinkenscheiben je der Länge nach in 3 Streifen schneiden und die Backpflaume mit je einem Streifen umwickeln.

4. Öl in der Pfanne erhitzen und bei schwacher Hitze Backpflaumen braten. Auf Küchenpapier abtropfen lassen und auf Tellern anrichten.

Mein Tipp:

_____

_____

_____

Birnen-Bohnen-Salat

1. Am Vortag Kartoffeln waschen, in Salzwasser garen. Danach pellen und abkühlen lassen.

2. In einem Topf Salzwasser zum Kochen bringen, Bohnenkraut hineingeben. Bohnen putzen, waschen. Im kochenden Salzwasser etwa 10 Minuten bissfest garen. Abgießen, im Eiswasser abschrecken, abtropfen lassen.

3. Kartoffeln in etwa 1 Zentimeter starke Scheiben und dann in Stifte schneiden, mit den Bohnen mischen.

4. Birnen waschen, halbieren, Kerngehäuse entfernen. Birnen und Schinken in Würfel schneiden und zu den Kartoffeln und Bohnen geben.

5. Für die Soße Sahne, Essig und Öl kräftig verrühren. Mit Salz, Pfeffer und Zucker abschmecken. Soße über den Salat geben und vorsichtig vermengen. Salat noch etwas durchziehen lassen und servieren.

Mein Tipp: _____

_____

_____

_____

_____

Für den Salat:

500 g fest kochende Kartoffeln

Salz

1 Bd. frisches Bohnenkraut

300 g junge Bohnen

2 reife aromatische Birnen

150 g magerer gekochter Schinken am Stück

Für die Soße:

100 g saure Sahne

4 EL Weißweinessig

4 EL Walnussöl

Salz, Pfeffer

1 Prise Zucker

Kohlrabi mit Birnen

Für die Gemüsemischung:

1 Kohlrabi, 200 g Möhren

1 Bd. Rucola (Rauke)

1 feste saftige Birne

Für die Soße:

Saft von ½ Zitrone

2 EL naturtrüber Apfelsaft

2 EL Crème fraîche

1 Knoblauchzehe

Salz, 2 EL Olivenöl

Pfeffer

50 g Sonnenblumenkerne

1. Kohlrabi und Möhren waschen, schälen und raspeln. Rucola putzen, waschen und trockenschleudern. Birne waschen, vierteln, Kerngehäuse entfernen und quer in feine Scheiben schneiden.

2. Für die Soße Zitronen- und Apfelsaft mit Crème fraîche mischen. Knoblauch abziehen und mit der flachen Seite eines Messers zusammen mit 1 Prise Salz zerdrücken. Öl langsam zugießen, Knoblauch zugeben und mit dem Schneebesen so lange schlagen, bis eine sämige Mischung entsteht. Mit Salz und Pfeffer abschmecken. Kohlrabi und Möhren zugeben und gut vermengen.

3. Sonnenblumenkerne ohne Fett in einer Pfanne rösten. Rucola auf Portionsteller verteilen, Gemüsemischung darüber geben und mit den Birnen garnieren. Sonnenblumenkerne über den Salat streuen.

Mein Tipp:

Marinierte Forellen mit Äpfeln und Zwiebeln

1. Für die Marinade Zwiebeln, Lauch und Stangensellerie putzen, waschen und in feine Scheiben schneiden. Wachholderbeeren und Pfefferkörner im Mörser leicht zerstoßen. Mit allen weiteren Zutaten für die Marinade mischen.

2. Forellenfilets auf der Hautseite kurz in Öl anbraten. Filets dürfen nicht garen. Die Hälfte der Marinadenmischung in eine Form geben, die Forellenfilets mit der Hautseite nach oben hineinlegen, mit dem Saft von 3 Zitronen beträufeln und mit der restlichen Marinadenmischung abdecken. Mit Klarsichtfolie abdecken, leicht beschweren und an einem kühlen Ort 3–4 Tage marinieren.

3. Für die Sahnesoße saure Sahne mit Zitronenschale, Zitronensaft, Essig, Wein, Salz und Pfeffer mischen. Äpfel waschen, vierteln, Kerngehäuse entfernen und quer in feine Streifen schneiden. Zwiebeln schälen, halbieren und fein hobeln. Alles mit der Sahnesoße vermischen.

4. Forellenfilets aus der Marinade nehmen, auf Portionsteller anrichten und die Sahnesoße darauf verteilen. Mit Schnittlauchröllchen garnieren.

Mit 2–3 Salzkartoffeln serviert eignet sich dieses Gericht auch als kleine Zwischenmahlzeit.

Mein Tipp:

_____

_____

_____

_____

Für Marinade und Fisch:

100 g Zwiebeln

50 g Lauch

50 g Stangensellerie

3–4 Wacholderbeeren

15 Pfefferkörner

1 Knoblauchzehe

2 Thymianzweige

einige Rosmarinnadeln

1 Stängel Petersilie

1 TL Salz

4 Forellenfilets, Öl

Saft von 3 Zitronen

Für die Sahnesoße:

300 g saure Sahne

Saft und abgeriebene Schale von 2 unbehandelten Zitronen

1 TL Weinessig

1 TL trockener Weißwein

Salz, Pfeffer

3 säuerliche Äpfel

2 Zwiebeln

2 EL Schnittlauchröllchen

Krautsalat mit Äpfeln, Lauch und Joghurtdressing

1 kleiner Weißkohl
(etwa 500 g)

Salz

1 Stange Lauch

⅛ l Gemüsebrühe

2 EL Weißweinessig

1 EL Öl

Pfeffer

150 g Joghurt

2 säuerliche Äpfel

Frühlingszwiebelringe
zum Garnieren

1. Weißkohl putzen, Strunk herausschneiden und Weißkohl fein hobeln. Mit 1 Teelöffel Salz mischen, gut durchkneten und mindestens 45 Minuten ziehen lassen. Lauch waschen und in feine Ringe schneiden.

2. Gemüsebrühe erhitzen und mit Essig, Öl und Pfeffer zum Weißkohl geben. Alles gut mischen und noch einmal etwa 30 Minuten ziehen lassen. In ein Sieb geben und abtropfen lassen.

3. Joghurt kräftig mit Salz und Pfeffer abschmecken. Salat in eine Schüssel geben und Joghurt untermischen.

4. Äpfel waschen, vierteln, Kerngehäuse entfernen, in Spalten schneiden und unter den Salat mischen. Salat auf große Teller anrichten und mit Zwiebelringen garnieren.

Mein Tipp:

Apfelrösti mit Meerrettich und weißer Pfeffersoße

1. Pfefferkörner mit der flachen Seite eines Messers auf einem Holzbrett zerdrücken.

2. Sahne in einen Topf geben. Mit Crème fraîche, Salz und den zerdrückten Pfefferkörnern zum Kochen bringen. Etwa 2 Minuten kochen lassen. Soße durch ein Sieb gießen, wieder in den Topf geben und bei mittlerer Hitze etwa bis zur Hälfte einkochen lassen.

3. Inzwischen die Äpfel waschen, schälen, mit einem Ausstecher Kerngehäuse entfernen und Äpfel in 3 Millimeter dicke Scheiben schneiden. Dann in streichholzlange Streifen schneiden. Sofort mit Zitronensaft beträufeln.

4. Mehl in eine Schüssel geben. Mit 1 Teelöffel Zitronensaft und 1 Prise Salz vermengen. Apfelstifte vorsichtig unterheben.

5. Butter in einer großen Pfanne erhitzen. Die Apfelstreifen etwa 1½ Zentimeter hoch einstreuen und bei schwacher Hitze je Seite etwa 2–3 Minuten goldgelb backen.

6. Pfeffersoße wieder erwärmen. Meerrettich schälen und mit einem Messer Späne abschaben.

7. Apfelrösti auf ein Brett geben und in Stücke schneiden. Mit der Soße auf vorgewärmte Teller einen Spiegel gießen. Apfelrösti darauf anrichten und mit 3–4 Meerrettichspänen bestreuen.

Zutaten
15 weiße Pfefferkörner
180 g Sahne
60 g Crème fraîche
Salz
7 feste saftige Äpfel
Saft von 1 Zitrone
40 g Mehl
1 Prise Salz
50 g Butter
1 Stück Meerrettich (etwa 5 cm)

Mein Tipp:

27

Hauptgerichte süß und pikant

Scheiterhaufen mit Äpfeln

2 kleine mürbe Äpfel

2 Brötchen vom Vortag

30 g Zucker

2 kleine Eier

1 EL Rum

¼ l Milch

1 Msp. gemahlener Zimt

10 g Butter

1 EL Rosinen

1 EL Puderzucker

1. Äpfel schälen, vierteln, Kerngehäuse entfernen und in feine Scheiben schneiden. Brötchen in dünne Scheiben schneiden.

2. 1 Esslöffel vom Zucker, Eier und Rum unter die Milch rühren. Restlichen Zucker mit dem Zimt vermischen. Eine kleine Auflaufform mit Butter auspinseln. Den Backofen auf 180 Grad vorheizen.

3. Brötchen- und Apfelscheiben abwechselnd in die Form schichten. Dabei jede Schicht mit der Zimt-Zucker-Mischung und Rosinen bestreuen. Die letzte Schicht sollte aus Brötchen bestehen. Mit der Eiermilch begießen und im vorgeheizten Backofen etwa 40 Minuten goldbraun backen. Mit Puderzucker bestäuben und warm servieren.

Mein Tipp:

_____

_____

Apfelschmarrn

(für 6 Personen)

500 g Mehl

5 Eier

1 Prise Salz

625 ml Milch

4 EL flüssige Butter

1 kg mürbe Äpfel

Butter zum Braten

Puderzucker

1. Mehl, Eier, Salz, Milch und Butter mit dem Handrührgerät zu einem glatten flüssigen Teig verschlagen. Eventuell noch etwas Milch zugeben. 30 Minuten quellen lassen.

2. Äpfel waschen, schälen, Kerngehäuse entfernen und in sehr feine Scheiben schneiden. Eine Pfanne leicht mit Butter ausstreichen. Teig etwa 1 Zentimeter hoch einlaufen lassen. Bei mittlerer Hitze braten, bis der Teig zu stocken beginnt. Einen Teil der Äpfel einstreuen.

3. Die Pfanne bei mittlerer Hitze auf den Herd stellen, bis der Teig etwas gefestigt ist. Den Eierkuchen wenden und bräunen. Mit 2 Gabeln in kleine Stücke zerreißen. Mit Puderzucker bestreut servieren. Je nach Pfannengröße den restlichen Teig und Äpfel ebenso verarbeiten.

Mein Tipp:

_____

_____

Karamellreisauflauf mit Birnen

1. Mandelblättchen in einer Pfanne ohne Fett rösten. Milch erhitzen. In einem zweiten Topf den Zucker zu hellem Karamell schmelzen. Mit der heißen Milch unter Rühren ablöschen. Mark der Vanilleschote und Orangenschale zugeben. Die Milch köcheln lassen, bis sich der Karamell aufgelöst hat, dabei gelegentlich umrühren.

2. Milchreis einstreuen und bei geringer Hitze in etwa 15 Minuten ausquellen lassen.

3. Inzwischen Eiweiß mit Zucker und Salz steif schlagen. Die abgekühlten Mandelblättchen unterziehen. Den Backofen auf 170 Grad vorheizen.

4. Birnen schälen, vierteln, Kerngehäuse entfernen und in feine Scheiben schneiden.

5. Eigelb unter den Milchreis ziehen und die Hälfte des Eischnees mit dem Schneebesen unterheben. Reismasse abwechselnd mit den Birnen in die gebutterte Auflaufform geben.

6. Restliches Eiweiß auf den Milchreis geben und im vorgeheizten Backofen etwa 15 Minuten backen. Sofort servieren.

Die ausgekratzte Vanilleschote kann man noch gut zu Vanillezucker verwerten. Geben Sie sie mit Zucker bedeckt in ein Glas mit Schraubverschluss. Nach wenigen Tagen hat er das Vanillearoma angenommen.

Zutaten
40 g Mandelblättchen
400 ml Milch
4 EL Zucker
½ Vanilleschote
abgeriebene Schale von 1 unbehandelten Orange
100 g Milchreis
2 Eiweiß
1 EL Zucker
1 Prise Salz
2 reife aromatische Birnen
2 Eigelb
Butter für die Form

Mein Tipp:

_____

_____

_____

_____

_____

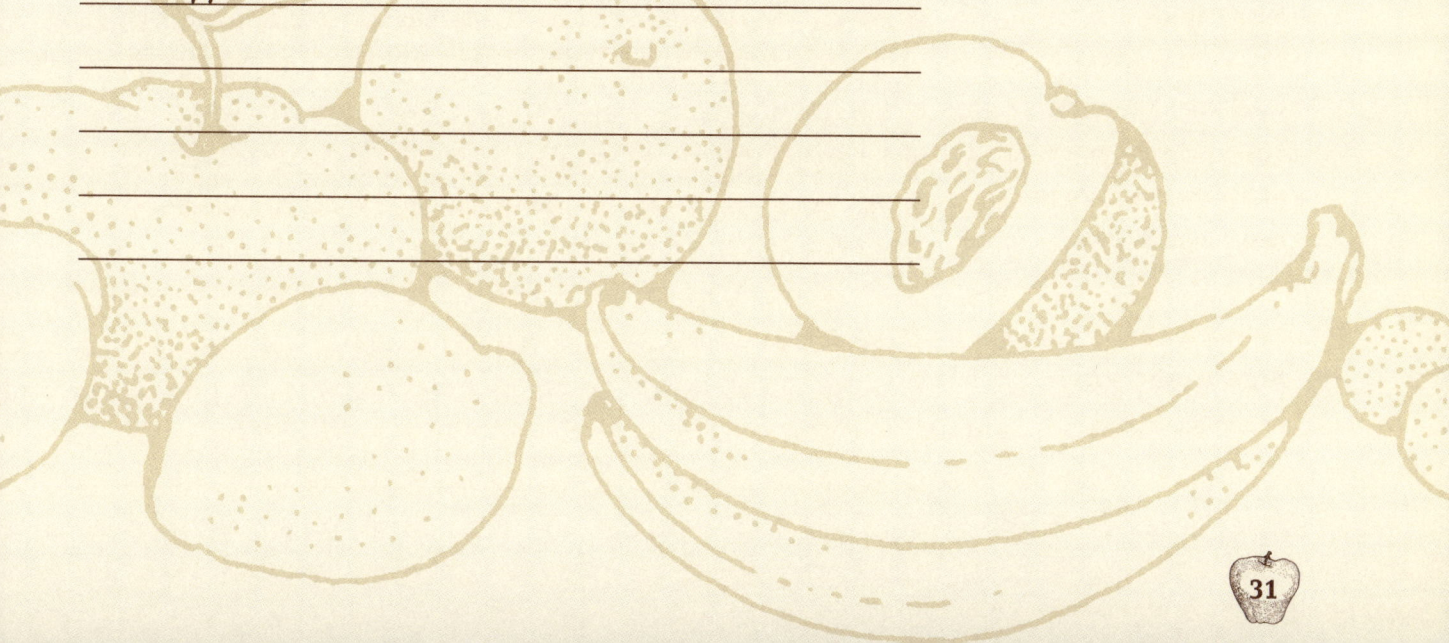

Apfelauflauf

800 g mürbe Äpfel

1 EL flüssige Butter
für die Form

3 EL Zucker

25 g geriebene Mandeln

1 Prise gemahlener Zimt

2 EL Sahne, 50 g Butter

70 g Zucker, 3 Eigelb

100 g Mehl, 1 Tasse Milch

abgeriebene Schale von
1 unbehandelten Zitrone

3 Eiweiß

1. Äpfel schälen, vierteln, Kerngehäuse entfernen und in feine Scheiben schneiden. Auflaufform mit Butter auspinseln. Äpfel in die Form geben, mit Zucker, Mandeln und Zimt bestreuen. Sahne darüber träufeln. Den Backofen auf 150 Grad vorheizen.

2. Butter mit Zucker schaumig rühren und Eigelb zugeben. Gesiebtes Mehl, Milch und Zitronenschale einrühren. Eiweiß steif schlagen und vorsichtig unter die Schaummasse heben.

3. Die Masse auf die Äpfel geben und den Auflauf im vorgeheizten Ofen etwa 60 Minuten backen. Nach 15 Minuten die Temperatur auf 190 Grad erhöhen.

Mein Tipp:

Apfelpfannkuchen

(für 2 Personen)

Für die Pfannkuchen:

100 g Mehl, 2 Eigelb

50 g flüssige Butter

110 ml Milch

1 TL Vanillinzucker

1 cl Rum, 1 Prise Salz

2 Eiweiß, 20 g Zucker

2 kleinere mürbe Äpfel

Butter zum Braten

Für den Karamell:

20 g flüssige Butter

2 EL Puderzucker

1. Den Backofen auf 180 Grad vorheizen. Aus Mehl, Eigelb, Butter, Milch, Vanillinzucker, Rum und Salz einen glatten Teig anrühren. Ist der Teig zu zähflüssig, noch etwas Milch zugeben. Eiweiß mit Zucker steif schlagen und vorsichtig unter die Teigmasse heben.

2. Äpfel schälen, vierteln, Kerngehäuse entfernen und in feine Scheiben schneiden. Eine flache Pfanne mit Butter auspinseln. Die Hälfte des Pfannkuchenteigs in die Pfanne geben und die Hälfte der Äpfel darauf verteilen. Im vorgeheizten Ofen etwa 5 Minuten backen.

3. Pfannkuchenoberfläche mit flüssiger Butter bepinseln und mit Puderzucker bestäuben. Pfannkuchen vorsichtig wenden und auf der heißen Herdplatte karamellisieren lassen. Auf einen Teller stürzen und warm halten. Mit der zweiten Teighälfte ebenso verfahren.

Mein Tipp:

Zwetschgenknödel mit Zwetschgenkompott

1. Für die Knödel Kartoffeln waschen und mit der Schale in ungefähr 20–30 Minuten weich kochen. Zwetschgen waschen, entsteinen und zur Seite stellen. Topf mit reichlich Salzwasser zum Kochen auf den Herd stellen.

2. Kartoffeln noch warm pellen und sofort durch die Kartoffelpresse auf ein Brett drücken. Mit Mehl, Butter, Grieß, Eiern und Salz zu einem glatten Teig verarbeiten. Diesen zu einer Rolle formen und davon dünne Scheiben schneiden. In jede Scheibe eine Zwetschge hüllen und darauf achten, dass die Zwetschge ganz vom Teig umgeben ist. Knödel in siedendes Wasser einlegen und etwa 5 Minuten ziehen lassen.

3. Zimt und Zucker vermischen. Butter schmelzen, mit den Semmelbröseln und der Zimt-Zucker-Mischung vermengen. Die Zwetschgenknödel mit der Bröselbutter bestreuen.

4. Für das Kompott Zwetschgen waschen, entsteinen, mit Zucker, Zimtstange und Wasser zugedeckt etwa 10 Minuten köcheln lassen. Kompott zu den heißen Knödeln reichen.

Mein Tipp:

_____

_____

_____

_____

(für 25 Stück)

Für die Knödel:

1 kg Kartoffeln

1 kg Zwetschgen

250 g Mehl

60 g Butter

30 g Grieß

2 Eier, Salz

etwas Zucker

etwas Zimt

150 g Butter

100 g Semmelbrösel

Für das Kompott:

800 g Zwetschgen

3–4 EL Zucker

1 Zimtstange

⅛ l Wasser

Saure Leber mit Apfel-Kartoffel-Püree

Für die Leber:

500 g Schweineleber
in Scheiben

1 Zwiebel

1 Knoblauchzehe

1 Bd. Petersilie

2 EL Öl

½ TL gehackter Majoran

2 EL Rotweinessig

200 ml Fleischbrühe

Salz, Pfeffer

Für das Püree:

500 g Boskop-Äpfel

1 TL Zitronensaft

300 g mehlige Kartoffeln

Salz

70 ml Milch

50 ml Sahne

1 Prise geriebene
Muskatnuss

Pfeffer

60 g Butter

1 Prise Zucker

1. Leber waschen, trockentupfen und in 4 Zentimeter lange Streifen schneiden. Zwiebel und Knoblauch schälen und fein schneiden. Petersilie waschen, Blättchen von den Stängeln zupfen und fein hacken.

2. Zwiebel und Knoblauch in heißem Öl glasig dünsten, Leber zufügen und kurz mitbraten. Majoran zufügen und mit Weinessig ablöschen. Sobald der Essig verdampft ist, Brühe zugießen und etwa 5 Minuten bei schwacher Hitze garen. Mit Salz und Pfeffer abschmecken. Mit Petersilie bestreuen.

3. Für das Püree Äpfel waschen, schälen, Kerngehäuse entfernen und fein würfeln. Mit Zitronensaft beträufeln. Kartoffeln waschen, schälen und klein schneiden.

4. Kartoffeln im leicht gesalzenen Wasser 20 Minuten kochen, abgießen und mit dem Kartoffelstampfer zu Brei pürieren. Milch und Sahne mit Muskat erhitzen, unter den Kartoffelbrei mengen, salzen und pfeffern.

5. Äpfel in heißer Butter andünsten. Im geschlossenen Topf bei niedriger Hitze weich dünsten. Leicht zuckern. Apfelstücke unter den Kartoffelbrei mischen und als Beilage zur sauren Leber servieren.

Das Püree kombiniert mit kurz gegarten Birnen oder Preiselbeeren passt auch gut zu Wildgerichten.

Mein Tipp:

Birnen-Lauch-Kuchen mit Blauschimmelkäse

1. Für den Teig Mehl auf die Arbeitsfläche geben. In Würfel geschnittene Butter, Ei und Salz zugeben und rasch mit 2–3 Esslöffel Wasser zu einem geschmeidigen Teig verkneten. Den Teig zu einer Kugel formen und eine Stunde im Kühlschrank ruhen lassen.

2. Für die Füllung Lauch waschen, in feine Ringe schneiden, in Salzwasser bissfest kochen, im Sieb abtropfen lassen. Birnen waschen, schälen, vierteln, Kerngehäuse entfernen und in kleine Würfel schneiden. Käse in Würfel schneiden. Lauch und Birnen mit dem Käse mischen. Backofen auf 200 Grad vorheizen.

3. Teig 2–3 Millimeter dick ausrollen, in eine gebutterte und gemehlte Form legen. Mit der Gabel mehrmals einstechen, die Lauchmischung darauf verteilen.

4. Milch, Sahne, Honig und Eier mit dem Stabmixer kräftig verrühren. Mit Salz, Pfeffer und Muskat abschmecken und über die Lauchmischung gießen. Etwa 20 Minuten backen.

Mein Tipp: _____

_____

_____

_____

Für den Teig:

120 g Mehl

50 g Butter

1 Ei

1 Prise Salz

Für die Füllung:

2 kleine Stangen Lauch

2 reife aromatische Birnen

150 g Blauschimmelkäse

Butter und Mehl für die Form

200 ml Milch

120 ml Sahne

1 TL Honig

2 Eier

Salz

Pfeffer

geriebene Muskatnuss

Hähnchenbrust mit Birnen

6 Schalotten

1 Knoblauchzehe

Salz, Pfeffer

2 TL Koriander

1 TL Kurkuma

3 EL Olivenöl

3 Hähnchenbrustfilets

2 rote Paprikaschoten

2 feste Birnen

6 EL Birnengeist

3 EL Sherry-Essig

Petersilie zum Garnieren

1. Schalotten abziehen, halbieren und in dünne Scheiben schneiden. Knoblauch schälen und mit der flachen Seite eines Messers zusammen mit 1 Prise Salz zerdrücken. In einer beschichteten Pfanne Schalotten, Knoblauch und Gewürze in Olivenöl bei mittlerer Hitze unter ständigem Rühren etwa 3 Minuten andünsten.

2. Filets waschen, trockentupfen und ohne Haut und Knochen in feine Streifen schneiden. Stiel und Kerne der Paprikaschote entfernen, ebenfalls in feine Streifen schneiden. Birnen waschen, vierteln, Kerngehäuse entfernen und in 5 Millimeter große Stücke würfeln.

3. Fleisch, Paprika, Birne und Birnengeist in die Pfanne geben und 4–5 Minuten garen. Die Flüssigkeit soll verdampft und das Fleisch gerade gar sein. Mit Essig ablöschen, salzen und pfeffern. Mit Petersilie garnieren und sofort servieren.

Mein Tipp:

_____

_____

_____

Lachskotelett mit Birnen

5 Schalotten

1 l trockener Weißwein

1 Lorbeerblatt

2 Wacholderbeeren

4 Lachskoteletts

3 feste reife Birnen

Salz

Pfeffer

Petersilie zum Garnieren

1. Schalotten abziehen und fein hacken. In einem großen Topf Wein, Schalotten, Lorbeerblatt und Wacholderbeeren aufkochen. Etwa 3 Minuten kochen lassen. Lachskoteletts hineinlegen, einmal aufkochen lassen und sofort die Hitze reduzieren. Sollte die Flüssigkeit zu wenig sein, heißes Wasser zugießen. Koteletts etwa 5–6 Minuten zugedeckt ziehen lassen, bis sich cremefarbene Tröpfchen auf dem Fisch bilden. Den Lachs mit der Schaumkelle herausnehmen und warm stellen.

2. Garflüssigkeit durch ein Sieb gießen und im Topf etwa auf eine Tasse reduzieren. Auf mittlere Hitze herunterschalten und die Birnen zugeben und weich garen. Mit Salz und Pfeffer würzen. Lachskoteletts auf Portionsteller anrichten und die Garflüssigkeit darauf verteilen.

Mein Tipp:

_____

_____

_____

Muschelnudeln mit Birnen und Gorgonzola

1. Walnusskerne hacken und ohne Fett in der Pfanne rösten. Knoblauch schälen und mit der flachen Seite eines Messers zusammen mit 1 Prise Salz zerdrücken.

2. Crème fraîche, Sahne, Gorgonzola, Knoblauch und Cayennepfeffer in eine tiefe Pfanne geben und ständigem Rühren aufkochen. 10–15 Minuten köcheln lassen, bis eine sämige Soße entsteht.

3. Birnen waschen, schälen, halbieren, Kerngehäuse entfernen und Birnen in 2 Zentimeter dicke Würfel schneiden. In einem großen Topf mit reichlich Salzwasser die Nudeln bissfest garen. Abseihen und gut abtropfen lassen.

4. Sahnesoße erneut aufkochen, bis der Käse vollständig geschmolzen ist. Walnüsse, Thymian und Rosmarin zugeben. Nudeln in eine große Schüssel geben und mit der Soße vermischen. Salzen, pfeffern und mit Schnittlauch garnieren. Heiß servieren.

Mein Tipp:

_____

_____

_____

_____

(für 6 Personen)

80 g Walnusskerne

3 Knoblauchzehen

Salz

250 g Crème fraîche

300 g Sahne

350 g gewürfelter Gorgonzolakäse

Cayennepfeffer

4 rote Birnen

500 g Muschelnudeln

1 TL gehackter Thymian

1 TL gehackter Rosmarin

Pfeffer

Schnittlauchröllchen zum Garnieren

Schweinebraten mit Pflaumen

(für 6 Personen)

2½ kg Schweinefleisch
aus der Nuss

Salz

Pfeffer

3 zerriebene Lorbeerblätter

200 g magerer Räucherspeck

4 Schalotten

40 Dörrpflaumen

30 g Walnusskerne

Pflanzenöl

etwa 300 ml Weißwein

1. Fleisch am Vorabend waschen, trockentupfen, mit Salz, Pfeffer und den zerriebenen Lorbeerblättern einreiben, fest in Folie packen und im Kühlschrank ruhen lassen.

2. Speck fein würfeln, Schalotten abziehen und fein hacken. Die Hälfte der Pflaumen sehr fein hacken, die Nüsse grob mahlen. Zutaten vermengen. Den Backofen auf 220 Grad vorheizen. Bratenform in der Größe des Bratens einfetten.

3. Pflanzenöl in einer Pfanne erhitzen. Schalotten und den Speck anbraten, Pflaumen und Nüsse zugeben und 1–2 Minuten mit anschwitzen.

4. Mit einem spitzen Messer eine Tasche in das Fleisch schneiden und einen Teil der Paste einfüllen. Öffnung zustecken. Den Braten in die vorbereitete Form legen und in den Backofen schieben. Nach 20 Minuten wenden, mit der Hälfte des Weißweins aufgießen und die restlichen Pflaumen zugeben. Fleisch gelegentlich wenden, nach Bedarf noch Weißwein zugießen.

5. Nach 40–50 Minuten die restliche Paste in den Fond rühren. Temperatur auf 160 Grad reduzieren und den Braten noch 35 Minuten ziehen lassen. Wird der Braten zu dunkel, mit Alufolie abdecken.

6. Das Fleisch mit dem Pflaumen auf einer Platte anrichten und mit dem Fond begießen. Dazu Kastanienpüree servieren.

Mein Tipp:

Gebratenes Lendensteak mit Birnenkompott

1. Steaks waschen, trockentupfen, mit Öl bepinseln, salzen und pfeffern. Je 2 Steaks mit einem Rosmarinzweig dazwischen übereinander legen. Beiseite stellen.

2. Schalotten abziehen, halbieren und in dünne Scheiben schneiden. Knoblauch schälen und mit der flachen Seite eines Messers zusammen mit 1 Prise Salz zerdrücken. Birnen waschen, schälen, halbieren, Kerngehäuse entfernen und in 2 Zentimeter dicke Würfel schneiden

3. Öl in einem großen Topf erhitzen und Schalotten, Knoblauch, Koriander und Cayennepfeffer unter Rühren etwa 3 Minuten dünsten. Mit Sherry ablöschen und köcheln, bis die Flüssigkeit fast verdampft ist. Preiselbeeren, Birnen, Essig, Wasser und Senf zugeben, zum Kochen bringen. Etwa 20–30 Minuten unter gelegentlichem Rühren köcheln lassen, bis die Mischung eingedickt ist. Mit Salz und Pfeffer abschmecken.

4. Steaks auf jeder Seite 2 Minuten scharf anbraten. Hitze reduzieren und etwa 2–3 Minuten weiterbraten. Herausnehmen, auf Teller anrichten, mit dem entstandenen Fleischsaft begießen und mit dem zimmerwarmen Kompott servieren.

Mein Tipp: _____

_____

_____

_____

4 Lendensteaks

4 EL Öl

Salz

Pfeffer

2 Rosmarinzweige

4 Schalotten

2 Knoblauchzehen

Salz

4 feste rote Birnen

4 EL Pflanzenöl

2 TL gemahlener Koriander

Cayennepfeffer

⅛ l trockener Sherry

½ Tasse Preiselbeeren

15 ml Rotweinessig

⅛ l Wasser

1 EL Dijonsenf

Pfeffer

Dörrobst-Kartoffel-Püree mit Entenbrust

Für das Püree:

600 mehlig kochende Kartoffeln

160 ml Milch, 100 g Butter

1 Msp. geriebene Muskatnuss

Salz

40 g getrocknete Äpfel

40 g getrocknete Birnen

40 g Backpflaumen

2 EL Orangenlikör

1 EL Honig

70 g Sahne, Pfeffer

1 Thymianzweig
zum Garnieren

Für die Entenbrust:

4 Entenbrüste (à 200 g)

4 Thymianzweige

Salz, Pfeffer

25 g Butterschmalz

¼ l Hühnerbrühe

¼ l Portwein

2 TL gehackte
Thymianblättchen

1 Rosmarinzweig

1. Für das Kartoffelpüree Kartoffeln waschen, schälen, vierteln und in Salzwasser garen. Flüssigkeit abschütten, abdampfen lassen und mit einem Kartoffelstampfer fein pürieren. Milch mit 80 Gramm Butter etwas erhitzen und etwas einkochen lassen und mit dem Schneebesen unter die Kartoffel rühren. Mit Salz und Muskat würzen, beiseite stellen und warm halten.

2. Äpfel, Birnen und Backpflaumen sehr fein würfeln und mit Grand Marnier und Honig marinieren. Restliche Butter erhitzen und Früchte darin unter ständigem Rühren leicht anbraten. Mit Sahne ablöschen. Leise köcheln lassen bis die Flüssigkeit fast verdampft ist. Vorsichtig zusammen mit der Petersilie unter das Kartoffelpüree heben.

3. Für die Entenbrust Backofen auf 150 Grad vorheizen. Die Haut der Entenbrust einschneiden, je einen Thymianzweig vorsichtig unter die Haut schieben. Brüste salzen und pfeffern. Das Butterschmalz in einem Bratentopf erhitzen und die Entenbrüste darin rundherum zuerst mit der Hautseite nach oben kräftig anbraten. Den Bratentopf in den vorgeheizten Bachofen schieben und die Brüste etwa 20 Minuten garen.

4. Enterbrüste herausnehmen und mit Alufolie bedeckt warm stellen. Den Bratensaft mit der Brühe und dem Portwein ablöschen. Thymianblättchen und Rosmarinzweig zugeben und die Brühe auf dem Herd bis auf die Hälfte einkochen lassen. Durch ein Sieb streichen und mit Salz und Pfeffer abschmecken.

5. Die Entenbrüste aufschneiden, mit dem Püree und der Soße auf vorgewärmte Teller anrichten. Mit Thymianblättchen garnieren.

Mein Tipp:

_____

_____

_____

_____

Perlhuhnbrust mit Apfel-Kartoffel-Gratin

1. Kartoffeln schälen und in dünne Scheiben schneiden. Äpfel waschen, schälen, halbieren, Kerngehäuse entfernen und in Scheiben schneiden. Knoblauch abziehen und eine flache Form damit ausreiben. Kartoffeln und Äpfeln abwechselnd ziegelartig einschichten. Backofen auf 220 Grad vorheizen.

2. Sahne und Apfelsaft aufkochen, mit Salz und Cayennepfeffer abschmecken und über die Kartoffel-Apfelscheiben gießen. Gratin in den Backofen schieben und etwa 40–50 Minuten garen.

3. Perlhuhnbrüste waschen, trockentupfen, salzen, pfeffern und in heißem Öl auf der Fleischseite anbraten, auf die Hautseite in eine Bratenform legen und im Backofen bei 200 Grad 10 Minuten garen.

4. Perlhuhnbrüste herausnehmen, Haut abziehen und das Fleisch warm halten. Bratensaft mit der Hühnerbrühe ablösen und in einer Pfanne bei mittlerer Hitze reduzieren lassen. Mit Salz und Pfeffer abschmecken. Petersilie zugeben.

5. Überschüssige Flüssigkeit beim Gratin abgießen und nochmals kurz im Backofen erhitzen. Gratin aus dem Ofen nehmen, portionsweise auf vorgewärmte Teller mit dem Fleisch und der Soße anrichten.

500 g Kartoffeln
250 g mürbe Äpfel
1 Knoblauchzehe
300 ml Sahne
300 ml naturtrüber Apfelsaft
Salz
Cayennepfeffer
4 Perlhuhnbrüste (à 170 g)
2 EL Öl
½ l Hühnerbrühe
2 EL gehackte Petersilie

Mein Tipp:

_____

_____

_____

_____

Matjes mit Apfel-Meerrettich-Quark

500 g Magerquark

3 TL Meerrettich

Salz

Pfeffer

3 EL Zitronensaft

4 Schalotten

3 Gewürzgurken

1 säuerlicher Apfel

4 Matjesfilets

1 Bd. Schnittlauch

1. Quark mit Meerrettich, Salz, Pfeffer und der Hälfte des Zitronensaftes in einer Schüssel vermengen.

2. Schalotten schälen, halbieren und in feine Ringe schneiden. Gewürzgurken in dünne Scheiben schneiden. Apfel waschen, vierteln, Kerngehäuse entfernen und quer in feine Scheiben schneiden. Sofort mit dem restlichen Zitronensaft beträufeln. Schalotten, Gewürzgurken und Apfel unter den Quark mischen.

3. Die Matjesfilets in eine flache Form geben, die Quarksoße darüber verteilen und zugedeckt etwa 2 Stunden im Kühlschrank ziehen lassen.

4. Schnittlauch waschen, trockentupfen und in feine Röllchen schneiden. Matjesfilets mit Quarksoße auf 4 Teller anrichten und mit den Schnittlauchröllchen garnieren.

Dazu Pellkartoffeln oder Bauernbrot servieren.

Mein Tipp:

Apfel-Kartoffel-Auflauf

1. Backofen auf 180 Grad vorheizen. Eine flache Auflaufform mit Butter auspinseln. Kartoffeln schälen, in dünne Scheiben schneiden und in kaltes Wasser legen. Äpfel waschen, schälen, vierteln, Kerngehäuse entfernen und längs in feine Scheiben schneiden. Mit Zitronensaft beträufeln. Zwiebel schälen und in dünne Ringe schneiden.

2. Kartoffeln mit Küchenpapier abtrocknen. Abwechselnd mit Äpfeln und Zwiebeln in die Form schichten. Mit einer Lage Kartoffeln abschließen. Gouda gleichmäßig darauf verteilen. Mit Muskat und Pfeffer würzen. Sahne darüber gießen und etwa 45 Minuten im Ofen garen. Sollte die Oberfläche zu braun werden, mit Alufolie abdecken. Mit einem spitzen Messer prüfen, ob die Kartoffeln gar sind. Vor dem Servieren etwa 5 Minuten ruhen lassen.

Mein Tipp:

1 EL flüssige Butter für die Auflaufform
3 große fest kochende Kartoffeln
3 grüne Äpfel
1 EL Zitronensaft
1 Zwiebel
70 g geriebener mittelalter Gouda
1 Msp. geriebene Muskatnuss
Pfeffer
¼ l Sahne

Apfel-Fleisch-Topf

1. Zwiebeln schälen, würfeln, in einem Topf mit der Hälfte des Butterschmalzes glasig dünsten. Herausnehmen und mit 1 Esslöffel Zitronensaft beträufeln.

2. Rindfleisch waschen, trockentupfen und in mundgerechte Würfel schneiden. Restliches Butterschmalz in den Topf geben, erhitzen und das Fleisch darin kräftig anbraten. Mit Salz, Pfeffer und Koriander würzen, den Fond zugießen und zugedeckt etwa 45 Minuten schmoren.

3. Äpfel waschen, schälen, vierteln, Kerngehäuse entfernen und in feine Scheiben schneiden. Nach etwa 30 Minuten mit den Zwiebeln zum Fleisch geben. Mit Salz, Pfeffer, Zucker und dem restlichen Zitronensaft würzen.

Mein Tipp:

3 große Zwiebeln
70 g Butterschmalz
2 EL Zitronensaft
800 g mageres Rindfleisch
Salz, Pfeffer
1 Msp. gemahlener Koriander
¼ l Kalbsfond
5 säuerliche Äpfel
1 Prise Zucker

Apfel-Linsen-Pfanne

200 g Linsen

1 Möhre

1 Stück Lauch

1 Stück Staudensellerie

1 Liebstöckelzweig

1 Zwiebel

1 Bd. Frühlingszwiebeln

200 g Knoblauchwurst

3 kleine rote säuerliche Äpfel

2–3 EL Zitronensaft

2 EL Olivenöl

⅛ l trockener Weißwein

Salz, Pfeffer

1. Linsen in kaltem Wasser aufsetzen. Möhre, Lauch, Staudensellerie und Liebstöckel putzen und waschen, Zwiebel schälen und halbieren. Das Gemüse zu den Linsen geben. Je nach Sorte der Linsen in etwa 20–40 Minuten bissfest kochen.

2. Frühlingszwiebeln putzen, waschen. Die weißen Teile fein hacken, das Grün in schräge Ringe schneiden. Wurst pellen und in 1 Zentimeter große Würfel schneiden. Äpfel waschen, vierteln, Kerngehäuse entfernen und längs in Spalten schneiden. Sofort mit Zitronensaft beträufeln.

3. In den letzten 5 Minuten das Gemüse aus den Linsen nehmen und die grünen Frühlingszwiebelringe unterheben. Linsen in ein Sieb schütten und abtropfen lassen. Öl in einer großen Pfanne erhitzen, Frühlingszwiebel darin glasig dünsten, die Knoblauchwurst zugeben. Bei mittlerer Hitze unter ständigem Rühren anbraten. Apfelstücke kurz mitbraten und mit dem Wein ablöschen. Linsen in die Pfanne geben, vorsichtig vermengen, kurz aufkochen lassen. Mit Salz und Pfeffer abschmecken.

Mein Tipp:

Wels mit Apfelmeerrettich

Für den Fisch:

1 kg Wels, Salz

2–3 EL Apfelessig

2 kleine Zwiebeln

100 g Butter

1 EL Butter für die Form

Für den Apfelmeerrettich:

400 g säuerliche Äpfeln

⅛ l Apfelessig

60 g frischer Meerrettich

Zucker

1. Wels säubern, salzen und mit dem Apfelessig säuern. In 5 Zentimeter dicke Scheiben schneiden. Zwiebeln schälen, fein würfeln und in der Butter glasig dünsten. Fischstücke zugeben und von allen Seiten leicht anbraten. Ofen auf 180 Grad vorheizen. Auflaufform mit Butter auspinseln und Fisch mit den Zwiebeln darin gleichmäßig verteilen.

2. Äpfel waschen, schälen, Kerngehäuse entfernen und Äpfel fein reiben. Sofort mit Apfelessig übergießen. Meerrettich reiben, unter den Apfelbrei unterheben und mit Salz und Zucker abschmecken. Soße über den Fisch geben und im Ofen etwa 25 Minuten garen.

Mein Tipp:

Kartoffel-Birnen-Gratin

1. Backofen auf 180 Grad vorheizen. Kartoffeln schälen, in dünne Scheiben schneiden und in kaltes Wasser legen. Birnen waschen, schälen, vierteln, Kerngehäuse entfernen und längs in feine Scheiben schneiden. Mit Zitronensaft beträufeln. Zwiebeln schälen und sehr fein würfeln. Butter in einer Pfanne erhitzen und Zwiebeln darin glasig dünsten. In eine flache runde Auflaufform geben.

2. Kartoffeln mit Küchenpapier trockentupfen. Abwechselnd mit den Birnen kreisförmig in die Form schichten. Eier und Sahne mit dem Schneebesen schaumig rühren, mit Salz und Pfeffer kräftig würzen. Salbeiblättchen in feine Streifen schneiden und unterrühren. Gleichmäßig über die Kartoffeln und Birnen gießen. Etwa 25 Minuten im Backofen backen. Sollte die Oberfläche zu braun werden, mit Alufolie abdecken. Mit einem spitzen Messer prüfen, ob die Kartoffeln gar sind. Sonst die Backzeit eventuell verlängern.

Für Gäste können Sie das Gratin auch in Portionsförmchen zubereiten. Achten Sie darauf, dass die Kartoffeln ausreichend von der Eier-Sahne-Mischung umgeben sind, sonst bleiben sie hart und trocken.

Mein Tipp:

800 g fest kochende Kartoffeln
3 kleine feste Birnen
Saft von ½ Zitrone
2 kleine Zwiebeln
2 EL Butter
3 Eier
160 g Sahne
Salz
Pfeffer
15 Salbeiblättchen

Rindfleisch mit Pflaumen

250 g Backpflaumen

350 g klein gehackte
Rinderknochen

1 kg Rinderbrust

Salz

1 Zwiebel

1 Bd. Suppengrün

10 schwarze Pfefferkörner

5 Knoblauchzehen

1 Liebstöckelzweig

1 Rosmarinzweig

½ Bd. Petersilie

5 Pimentkörner

2 Gewürznelken

3 Wacholderbeeren

50 g kalte Butter

1. Backpflaumen in kaltes Wasser einweichen.

2. Rinderknochen mit kochend heißem Wasser überbrühen, abtropfen lassen und in einen großen Topf geben. Wasser zugießen, bis die Knochen bedeckt sind und zum Kochen bringen. Fleisch zugeben, salzen und etwa 90 Minuten bei schwacher Hitze köcheln lassen. Die Fleischbrühe darf nicht sprudelnd kochen.

3. Zwiebel schälen und halbieren, Suppengrün waschen und klein schneiden, Knoblauch schälen und alles mit den Kräutern und Gewürzen in den Topf geben. Weitere 30 Minuten köcheln lassen.

4. Backpflaumen aus dem Einweichwasser nehmen und abtropfen lassen. Fleisch aus der Brühe nehmen und warm stellen, Brühe abseihen. Backpflaumen in etwas Brühe gar kochen. Für die Soße in einem weiteren Topf ¼ Liter der Brühe gießen. Die Butter in kleinen Stückchen mit dem Schneebesen unter die Fleischbrühe schlagen.

5. Backpflaumen aus der Brühe nehmen und abtropfen lassen. Fleisch in Scheiben schneiden und zusammen mit den Backpflaumen auf einem Servierteller anrichten. Mit der Buttersoße begießen. Dazu Salzkartoffeln servieren.

Mein Tipp:

Kartoffel-Birnen-Puffer mit Birnenkompott

1. Für das Kompott Birnen waschen, schälen, Blüten ausstechen und die Stiele zur Hälfte abschneiden. Mit Zitronensaft beträufeln.

2. Wasser, Weißwein, Zitronenschale, Zimtstange, Zucker, Birnendicksaft und Melisse in einen nicht zu großen Topf geben, aufkochen und 15 Minuten köcheln lassen. Birnen zufügen und bei schwacher Hitze etwa 15 Minuten sanft garen. Birnen herausnehmen, den Sud durch ein Sieb abgießen und bei mittlerer Hitze dicklich einkochen. Abkühlen lassen.

3. Für die Puffer Kartoffeln und Birnen waschen und schälen. Birnen halbieren, Kerngehäuse entfernen. Kartoffeln wie Birnen in sehr feine Streifen schneiden. Ein Sieb mit einem Küchentuch auslegen. Kartoffeln und Birnen darin abtropfen lassen. Anschließend in eine Schüssel geben, vorsichtig mischen, mit Salz und Pfeffer würzen.

4. In einer großen Pfanne Öl und Butter erhitzen, die Hälfte der Mischung zugeben und auf beiden Seiten knusprig backen. Auf ein Gitter zum Abtropfen legen und warm stellen. Mit der restlichen Mischung ebenso verfahren.

5. Mit einem Ausstecher Kreise ausstechen und auf vorgewärmte Teller anrichten. Die Birnen auf Dessertteller mit den Stielen nach oben anrichten. Den Saft darüber träufeln und mit der Zitronenmelisse garnieren.

Die Kartoffel-Birnen-Puffer schmecken auch köstlich als Beilage zu Wildgerichten.

Mein Tipp:

Für das Kompott:

4 mittelgroße feste Birnen

1 EL Zitronensaft

½ l Wasser

½ l trockner Weißwein

abgeriebene Schale von ½ unbehandelten Zitrone

½ Zimtstange

2 EL Zucker

5 EL Birnendicksaft

1 Zitronenmelissezweig

Für die Puffer:

450 g fest kochende Kartoffeln

2 feste aromatische Birnen

Salz

Pfeffer

4 EL Öl

60 g Butter

Zwiebel-Apfel-Quiche

(für 1 Springform, Ø 26 cm)

Für den Teig:

200 g Mehl

100 g Butter

1 Ei

70 g geriebener Greyerzer

½ TL Salz

Pergamentpapier und Erbsen zum Blindbacken

Für die Füllung:

1 Zwiebel

400 g süßsaure Äpfel

20 g Butter

½ Bd. Petersilie

3 Eier

150 ml saure Sahne

100 g geriebener Greyerzer

1 EL französischer Senf

Pfeffer

25 g geriebener Parmesan

1. Mehl auf eine Arbeitsfläche sieben. In Würfel geschnittene Butter, Ei, Greyerzer, 5 Esslöffel Wasser, 1 Prise Salz zugeben und rasch zu einem geschmeidigen Teig verkneten. Den Teig zu einer Kugel formen und eine Stunde im Kühlschrank ruhen lassen.

2. Für die Füllung Zwiebel schälen und fein hacken. Äpfel waschen, schälen, vierteln, Kerngehäuse entfernen und fein raspeln. Butter in einer Pfanne zerlassen, Zwiebeln zugeben und glasig dünsten. Äpfel zugeben und bei mittlerer Hitze unter häufigen Rühren 3 Minuten weiterdünsten. Abkühlen lassen.

3. Backofen auf 180 Grad vorheizen. Die Springform fetten. Mürbeteig ausrollen und die Form damit auskleiden, dabei einen 5 Zentimeter hohen Rand formen und mit den Fingern gleichmäßig andrücken. Den Teig mehrmals mit einer Gabel einstechen. Pergamentpapier darauf legen und die Erbsen darauf verteilen. Den Boden im Ofen etwa 15 Minuten hellbraun vorbacken, dann herausnehmen und das Papier und die Erbsen entfernen. Den Boden abkühlen lassen.

4. Petersilie waschen, trockentupfen, Blättchen von den Stängeln zupfen und fein hacken. Eier und saure Sahne verrühren, Greyerzer, Petersilie, Senf und Pfeffer zugeben. Mit dem Schneebesen schaumig schlagen. Apfel-Zwiebel-Mischung auf den vorgebackenen Teigboden geben. Eimischung darüber gießen und mit Parmesan bestreuen. In 30 Minuten goldgelb backen. Warm mit knusprigem Baguette und grünem Salat servieren.

Mein Tipp:

Geröstete Knödel mit Trockenfrüchten

1. Die Knödel bereits am Vortag zubereiten. Brötchen in feine Scheiben schneiden und in eine Schüssel geben. Trockenfrüchte klein würfeln. Schalotten abziehen und würfeln. Petersilie waschen, trockentupfen, Blättchen von den Stängeln zupfen und fein hacken. Schalotten und Petersilie in der Butter kurz andünsten. Alles zu den Brotwürfeln geben und mit Milch übergießen. Mit Salz, Pfeffer und Muskat würzen und 30 Minuten ruhen lassen. Eier verquirlen und zu der Masse geben. Alles gründlich durchmischen.

2. 2 große Stücke Alufolie mit Butter bestreichen. Knödelmasse zu 2 Rollen von etwa 5 Zentimeter Durchmesser formen und in die Alufolie einwickeln. Die Enden fest verschließen, damit die Rolle wasserdicht ist. Knödelrollen in einem großen Topf mit leicht siedendem Wasser etwa 30 Minuten garen. Abkühlen lassen und aus der Folie nehmen.

3. Knödelrolle in fingerdicke schräge Scheiben schneiden. In einer Pfanne Öl erhitzen und die Knödelscheiben bei mittlerer Hitze goldbraun braten. Auf vorgewärmte Teller anrichten, mit Petersilie garnieren und noch warm mit Endiviensalat servieren.

Die Knödel eignen sich auch hervorragend als Beilage zu Wildgerichten. Dann aber die Knödel nicht rösten.

Mein Tipp: _____

_____

_____

_____

200 g altbackene Brötchen
200 g altbackene Laugenbrötchen
40 g getrocknete Äpfel
40 g getrocknete Birnen
40 g Backpflaumen
2 Schalotten
1 Bd. Petersilie
20 g Butter
etwa 200 ml Milch
Salz, Pfeffer
geriebene Muskatnuss
2 Eier
Alufolie
flüssige Butter zum Bestreichen
3 EL Öl zum Rösten
2 EL gehackte Petersilie

49

Ravioli mit Dörrbirnen

Für den Teig:

500 g Dinkelmehl

4 Eigelb

2 Eier

1 TL Salz

1 EL Olivenöl

2–3 EL Wasser

Für die Füllung:

150 g getrocknete Birnen

100 g Ricotta

40 g Ziegenfrischkäse

etwas Olivenöl

2 kleine Zwiebeln

2 Knoblauchzehen

60 g Butter

2 Salbeizweige

2 Eiweiß

Parmesan im Stück

1. Für den Teig Mehl, Eigelb, Eier, Salz und Olivenöl auf eine Arbeitsfläche geben und gut vermengen. So viel Wasser zugeben, dass ein geschmeidiger Teig entsteht. Zugedeckt 30 Minuten ruhen lassen.

2. Für die Füllung Birnen in wenig Wasser weich kochen. Wasser abgießen und Birnen abtropfen lassen. Früchte äußerst fein hacken. Ricotta und Ziegenfrischkäse mit den Birnen vermengen. Sollte die Füllung zu trocken sein, etwas Olivenöl zufügen.

3. Zwiebeln und Knoblauchzehen schälen und sehr fein würfeln, beides in der Butter glasig dünsten. Salbeiblätter zufügen und kurz mit dünsten.

4. Ravioliteig möglichst dünn ausrollen und Rondellen von etwa 7 Zentimeter Durchmesser ausstechen. Die Teigränder mit Eiweiß bestreichen, die Füllung in die Mitte geben und zusammenklappen. Rand mit einer Gabel gut andrücken. In reichlich Salzwasser in etwa 4–5 Minuten al dente kochen. Mit dem Schaumlöffel aus dem Wasser nehmen.

5. Auf vorgewärmte Teller anrichten und das Salbeigemisch darüber verteilen. Mit dünn gehobeltem Parmesan bestreuen und sofort servieren.

Mein Tipp:

Kalbsleber mit Apfel-Zwiebel-Füllung

1. Für den Rotkohl die äußeren großen Kohlblätter entfernen, Kohl halbieren, Strunk herausschneiden und sehr fein hobeln. Mit Salz, Preiselbeeren und Rotweinessig mischen.

2. Zwiebel schälen und fein würfeln. Äpfel waschen, vierteln, Kerngehäuse entfernen und fein reiben. Öl in einem Topf erhitzen und Zwiebel darin glasig dünsten. Mit Zucker karamellisieren, den Rotkohl unterrühren. Kurz anschmoren lassen, den geriebenen Apfel, Brühe, Wein und Gewürze zugeben und unter gelegentlichem Rühren etwa 45 Minuten bei mäßiger Hitze garen. Mit Salz und Pfeffer abschmecken und die Gewürze entfernen.

3. Für die Kalbsleberfüllung Zwiebel schälen und in feine Scheiben schneiden. Äpfel waschen, schälen, vierteln, Kerngehäuse entfernen und quer in feine Scheiben schneiden.

4. Butter in einer Pfanne erhitzen. Zwiebeln, Äpfel und Salbei darin bei mittlerer Hitze etwa 8–10 Minuten anbraten. Die Äpfel sollen weich sein, aber nicht zerfallen. Mit Salz und Pfeffer würzen und beiseite stellen.

5. Walnusskerne hacken. Leberscheiben waschen und abtrocknen. Leber mit Salz und Pfeffer würzen. Zwiebel-Apfel-Mischung darauf verteilen. Leberscheiben von zwei Seiten etwas über die Füllung einklappen und aufrollen. Mit Küchengarn zusammenbinden. Vorsichtig in den Nüssen wenden.

6. Butterschmalz in einer Pfanne erhitzen und die gefüllten Leberscheiben darin bei mittlerer Hitze etwa 6–7 Minuten auf jeder Seite braten. Die gebratenen Leberscheiben mit dem Rotkohl servieren.

Mein Tipp:

_____

_____

_____

_____

_____

Für den Rotkohl:

1 mittelgroßer Rotkohl

Salz

70 g eingelegte Preiselbeeren

90 ml Rotweinessig

1 Zwiebel

2 säuerliche Äpfel

3 EL Öl

2 EL Zucker

¼ l Geflügelbrühe

¼ l trockener Rotwein

½ Zimtstange

3 Pfefferkörner

1 Stück Orangenschale

Pfeffer

Für die Kalbsleber:

1 Zwiebel

500 g säuerliche Äpfel

80 g Butter

6 Salbeiblätter

Salz, Pfeffer

100 g Walnusskerne

4 dünne Kalbsleberscheiben (à 150 g)

50 g Butterschmalz

Hasen mit Pflaumen

(für 4–8 Personen)

2 küchenfertige junge Hasen

Salz, Pfeffer, 1 Zwiebel

2 Knoblauchzehen

6 Thymianzweige

2 Majoranzweige

3 Lorbeerblätter

5 Wacholderbeeren

1 l Rotwein, 3 EL Gänsefett

3 EL Armagnac, 1 EL Mehl

300 g entkernte
getrocknete Pflaumen

150 g Crème fraîche

1 Schuss Rotwein

1. Hasen waschen, trockentupfen und in je 8 Stücke teilen. Salzen und pfeffern. Zwiebel abziehen und in Ringe schneiden. Fleisch mit Zwiebelringen und sämtlichen Gewürzen in eine Schüssel geben. Mit Rotwein übergießen und abgedeckt 2 Tage marinieren lassen. Zwischendurch immer wieder begießen.

2. Fleisch aus der Marinade heben und trockentupfen. In einem Schmortopf Gänsefett erhitzen und Fleisch von allen Seiten anbraten. Mit Armagnac löschen. Salzen, pfeffern, mit etwas Mehl bestäuben und mit der Marinade löschen. Pflaumen zugeben und bei mittlerer Hitze ohne Deckel einmal aufkochen. Zugedeckt 40 Minuten köcheln lassen.

3. 5 Minuten vor Garzeitende Crème fraîche einrühren und mitköcheln lassen. Mit Salz, Pfeffer, Rotwein abschmecken und servieren.

Mein Tipp: _____

_____

_____

Rehfilet mit Apfelgemüse

500 g Rehfilet

50 g Butter

1 Zwiebel

1 Lorbeerblatt

5 Pfefferkörner

Salz, Pfeffer

⅛ l trockener Weißwein

600 g Äpfel, 1 EL Butter

1 Prise Zucker

¼ l Weißwein

100 ml Sahne

3 TL geriebener Meerrettich

1. Filet waschen, trockentupfen, salzen und pfeffern. Butter in einer Pfanne erhitzen und das Filet von allen Seiten anbraten. Gewürze zugeben und Wein zugießen. Bei schwacher Hitze etwa 10–15 Minuten garen.

2. Äpfel waschen, schälen, vierteln, Kerngehäuse entfernen und fein würfeln. Butter in einem Topf erhitzen und Äpfel darin andünsten. Zucker zugeben und leicht karamellisieren lassen. Mit 2 Esslöffel Wein löschen und in etwa 10 Minuten garen.

3. Filet warm stellen, Bratensatz mit Wein und Sahne aufkochen, durch ein Sieb streichen. Topf vom Herd nehmen, Meerrettich und Äpfel zugeben und vorsichtig vermengen. Filet in Scheiben schneiden und mit dem Apfelgemüse auf Teller anrichten.

Mein Tipp: _____

_____

_____

Kaninchenfilets mit gebratenen Apfelspalten

1. Fleisch waschen und trockentupfen. Fleisch von den Knochen lösen, von Sehnen, Häuten und Bauchlappen befreien und kalt stellen. Knochen hacken. Möhren waschen, schälen und würfeln. Sellerie und Zwiebeln schälen und ebenfalls würfeln.

2. Öl in einen Bräter geben und Knochen, Sehnen und Bauchlappen darin bräunen. Das Gemüse kurz mitrösten. Mit ½ Liter Wasser und Wein ablöschen und Lorbeer, Pfefferkörner sowie 3 Majoranzweige zugeben und das Ganze bei schwacher Hitze etwa 1½ Stunden garen. Dabei mehrmals abschäumen. Fond passieren, ¼ Liter abmessen und diesen sirupartig einkochen.

3. Zitronensaft mit knapp ¼ Liter Wasser mischen. Äpfel waschen, schälen, vierteln, Kerngehäuse entfernen und in Spalten schneiden. Sofort ins Zitronenwasser legen. Restliche Majoranzweige hacken. Den reduzierten Fond mit der Sahne mischen und etwas einkochen lassen. Mit Senf, Salz und Pfeffer würzen und warm halten. Den nicht reduzierten Fond aufkochen und leicht salzen. Kaninchenfilets hineinlegen. Etwa 7–8 Minuten ziehen lassen.

4. Apfelspalten aus dem Zitronenwasser nehmen und abtropfen lassen. Butter und Butterschmalz in eine Pfanne geben und Apfelscheiben bei starker Hitze etwa 2 Minuten anbraten, mit 3 Esslöffel Pochierfond ablöschen und völlig einkochen lassen. Mit Salz, Pfeffer und Majoran würzen.

5. Filets aus dem Fond nehmen, auf Teller mit Soße und Apfelspalten anrichten. Sofort servieren.

Zutaten
4 Kaninchenrücken (à 400 g)
180 g Möhren
180 g Knollensellerie
180 g Zwiebeln
2 EL Öl
700 ml trockener Weißwein
3 Lorbeerblätter
8 weiße Pfefferkörner
5 Majoranzweige
Saft von 1 Zitrone
400 g säuerliche Äpfel
300 ml Sahne
3 TL körniger Senf
Salz
Pfeffer
1 EL Butter
1 EL Butterschmalz

Mein Tipp:

Rotkohlwickel mit Apfelfüllung

1 Rotkohl

2 säuerliche Äpfel

2 EL Butter

½ TL gemahlener Zimt

½ TL gemahlene Nelken

150 ml Rotwein

1 EL Pinienkerne

1 EL flüssige Butter für die Form

1. Vom Rotkohl die äußeren Blätter entfernen. Wasser in einem großen Topf aufkochen, den Kohl hineinlegen und einige Minuten kochen lassen. Herausnehmen und nach und nach 8 schöne Blätter ablösen und abtropfen lassen. Bei Bedarf noch mal kurz blanchieren.

2. Äpfel waschen, vierteln, Kerngehäuse entfernen und in feine Spalten schneiden. Butter erhitzen und die Äpfel darin kurz anbraten. Nelken und Zimt zugeben, Rotwein zugießen und etwas köcheln lassen, bis die Äpfel weich sind, aber nicht zerfallen. Zum Schluss die Pinienkerne zugeben. Auflaufform mit Butter auspinseln. Ofen auf 180 Grad vorheizen.

3. Apfelfüllung durch ein Sieb gießen. Flüssigkeit auffangen und in die Auflaufform geben. Rotkohlblätter ausbreiten und die Apfelfüllung darauf verteilen. Blätter von zwei Seiten etwas über die Füllung einklappen und aufrollen. Mit Küchengarn zusammenbinden.

4. Die Rotkohlwickel in die gefettete Auflaufform setzen und im vorgeheizten Backofen etwa 20 Minuten garen. Dazu schmeckt Safran-Zimt-Reis.

Mein Tipp:

Kasseler mit Äpfeln und Currysoße

1. Backofen auf 200 Grad vorheizen. Zwiebeln schälen, halbieren und grob würfeln. Honig, Nelken und Koriander, Senf und Curry zu einer Paste verrühren. Das Kasseler damit bestreichen, restliche Paste beiseite stellen.

2. Butterschmalz, Zwiebelwürfel und ¼ Liter Wasser in eine Fettpfanne geben und gleichmäßig verteilen. Kasseler darauf legen und etwa 30–35 Minuten garen. Dabei nach und nach den Weißwein zugießen.

3. Äpfel waschen, achteln, Kerngehäuse entfernen. Apfelspalten zum Kasseler geben und weitere 15–20 Minuten garen. Pinienkerne in einer Pfanne trocken rösten, abkühlen lassen.

4. Nach Ende der Garzeit Kasseler und Äpfel auf eine Platte geben und warm halten. Den Bratenfond mit ⅛ Liter Wasser aufgießen, durch ein Sieb streichen und im Topf mit der restlichen Currypaste zum Kochen bringen und ein wenig einkochen.

5. Fleisch in Scheiben schneiden, mit den Äpfeln auf Speiseteller anrichten und mit der Soße servieren.

Dazu passen knusprig-frisches Baguette und Bier.

Mein Tipp:

_____

_____

_____

_____

(für 6 Personen)

150 g Zwiebeln
1 EL Honig
½ TL gemahlene Nelken
2 TL gemahlener Koriander
2 EL mittelscharfer Senf
2 TL gemahlener Curry
1½ kg Kasseler
50 g Butterschmalz
¼ l trockener Weißwein
800 g säuerliche Äpfel
50 g Pinienkerne

Huhn im Schmortopf mit Äpfeln

1 junges Huhn
Salz
Pfeffer
40 g Butter
3 mürbe Äpfel
80 ml Calvados
150 g Sahne

1. Huhn waschen, abtrocknen, in 8 Stücke teilen. Salzen und pfeffern. Butter in einem Schmortopf erhitzen und Fleisch anbraten.

2. Äpfel waschen, schälen, vierteln, Kerngehäuse entfernen und würfeln. Hühnerteile aus dem Topf nehmen. Äpfel im Topf verteilen, Hühnerteile wieder zugeben und alles gut verrühren. Das Ganze 10 Minuten dünsten, dann Calvados zugießen. Zugedeckt 30 Minuten schmoren lassen. Gelegentlich etwas Wasser zugießen.

3. Hühnerteile herausnehmen auf einer Servierplatte anrichten und warm stellen. Sahne in den Schmortopf gießen, den Bratensatz lösen und auf mittlerer Hitzen etwas reduzieren. Soße mit Salz und Pfeffer abschmecken, über die Hühnerteile geben und sofort servieren.

Mein Tipp:

Mais-Apfel-Auflauf

½ l Wasser
½ l Milch
2 TL Salz
1 TL Zucker
1 Msp. gemahlener Zimt
200 g Maisgrieß
30 g Sultaninen
500 g süßsaure Äpfel
1 EL Butter für die Form
1 EL Butter

1. Wasser und Milch in einer Pfanne aufkochen. Salz, Zucker und Zimt zugeben. Grieß unter ständigem Rühren in die kochende Flüssigkeit geben. Bei schwacher Hitze etwa 10 Minuten unter ständigem Rühren köcheln. Sultaninen untermengen.

2. Äpfel waschen, vierteln, Kerngehäuse entfernen und in feine Spalten schneiden. Apfelspalten unter die Maismasse heben und in die gefettete Auflaufform geben. Butter in Flocken über den Mais verteilen. Im vorgeheizten Backofen etwa 30–40 Minuten goldbraun backen.

Das Gericht kann am Vortag ofenfertig zubereitet werden.

Mein Tipp:

Wildschweinragout mit Pflaumen

1. Für die Marinade Rotwein und Essig in einem Topf aufkochen. Gemüse putzen und grob zerteilen und mit allen Gewürzen in den Topf geben. 5 Minuten kräftig köchen, dann abkühlen lassen.

2. Wildschweinfleisch waschen und trockentupfen. Fleisch in etwa 3 Zentimeter große Würfeln schneiden. In eine Schüssel geben und mit der kalten Marinade begießen. Über Nacht marinieren.

3. Fleischwürfel aus der Marinade nehmen und trockentupfen. Marinade durch ein Sieb gießen und beiseite stellen. In einem Schmortopf Öl erhitzen und die Fleischstücke von allen Seiten anbraten. Mit Marinade löschen, salzen und pfeffern. Die Hälfte der Marinade angießen und bei geschlossenem Topf etwa 1½ Stunden schmoren.

4. Pflaumen in restlicher Marinade einweichen. Rosinen in Wasser einweichen. Orangeat sehr fein würfeln. Pflaumen und Rosinen abtropfen lassen. Marinade auffangen. Pflaumen in feine Streifen schneiden. Zwiebel schälen und fein würfeln, Rosmarin fein hacken.

5. In einer Pfanne Butter erhitzen und Zwiebel glasig dünsten. Pflaumen, Orangeat, Rosinen und Rosmarin zugeben und gründlich mischen. Salzen, pfeffern und mit aufgefangener Marinade angießen. Einige Minuten kräftig köcheln.

6. Früchtemischung zum Wildschweinragout geben und weitere 10 Minuten schmoren. Sobald das Fleisch mürbe ist, mit Salz und Pfeffer abschmecken und sehr heiß servieren.

Mein Tipp:

_____

_____

_____

_____

Für die Marinade:

½ l dunkler Rotwein
⅛ l Rotweinessig
1 Zwiebel, 1 Möhre
1 Stange Staudensellerie
1 Lorbeerblatt
1 Thymianzweig
10 Pfefferkörner
2 Gewürznelken
1 TL Zucker, ¼ TL Salz

Für das Ragout:

800 g Wildschwein
5 EL Olivenöl
Salz, Pfeffer
150 g entkernte getrocknete Pflaumen
20 g Rosinen
20 g Orangeat
1 Zwiebel
1 Rosmarinzweig
2 EL Butter

Schweinebraten mit Thymianäpfeln

1 kg Schweineschulter mit Schwarte

4 Knoblauchzehen

Salz

Pfefferkörner

2 Gewürznelken

2 EL Öl und Öl zum Braten

1 TL gehackter Rosmarin

4 Möhren

1 Lorbeerblatt

¼ l Weißwein

2 Stangen Lauch

500 g säuerliche Äpfel

1 Bd. Thymian

2 EL Butter

1. Backofen auf 225 Grad vorheizen. Schwarte der Schweineschulter mit einem scharfen Messer kreuzweise einritzen. Knoblauch schälen und mit ½ Teelöffel Salz, Pfefferkörnern und Nelken im Mörser zerreiben. Öl und Rosmarin untermischen. Das Fleisch mit der Gewürzmischung einreiben.

2. In einem großen Schmortopf Öl erhitzen. Das Fleisch von allen Seiten kräftig anbraten. Bräter fingerhoch mit kochend heißem Salzwasser füllen. Schweinebraten mit der Schwarte nach unten auf der unteren Schiene in den Backofen schieben. Etwa 15 Minuten garen, dann Fleisch wenden und weitere 15 Minuten garen.

3. Möhren schälen und putzen, in Scheiben schneiden. Möhren und Lorbeerblatt in den Bräter geben, das Fleisch mit dem Wein begießen. Weitere 45 Minuten schmoren. Die Schwarte gelegentlich mit dem Bratensaft übergießen.

4. Lauch putzen, längs halbieren, waschen und in etwa 4 Zentimeter lange Stücke schneiden. Die Hitze im Backofen auf 170 Grad verringern und Lauchstücke um das Fleisch herum verteilen. Den Braten weiter oben im Backofen weitere 45 Minuten schmoren.

5. Äpfel waschen, schälen, achteln und das Kerngehäuse entfernen. Thymianblätter von den Stielen streifen. Butter in einer Pfanne erhitzen, die Apfelscheiben unter ständigem Wenden darin weich schmoren. Mit Thymian, Salz und Pfeffer würzen.

6. Den fertigen Braten auf vorgewärmter Platte warm stellen. Lauch aus dem Bratensaft nehmen und ebenfalls warm stellen. Die Soße im Bräter pürieren (Lorbeerblatt entfernen) und mit Salz und Pfeffer abschmecken. Braten in Scheiben schneiden. Fleisch mit Lauch und Apfelscheiben auf einer Platte anrichten. Soße noch einmal aufkochen und mit dem Braten servieren.

Mein Tipp: _____

_____

_____

_____

_____

Himmel und Erde

1. Äpfel waschen, schälen, vierteln, Kerngehäuse entfernen und in kleine Würfel schneiden. Sofort mit Zitronensaft beträufeln. Kartoffeln waschen, schälen, vierteln und in Salzwasser garen. Flüssigkeit abschütten, Kartoffeln abkühlen lassen und fein pürieren.

2. Milch mit Muskatnuss erhitzen und mit dem Schneebesen unter die Kartoffel rühren. Mit Salz und Pfeffer würzen, beiseite stellen und warm halten.

3. Butter in einer Pfanne erhitzen, die Apfelwürfel zugeben, Zucker und Zitronenthymian darüber streuen und goldgelb braten. In einer zweiten Pfanne den Räucherspeck braten.

4. Die garen Äpfel unter das fertige Püree mischen. In eine Schüssel geben und mit den krossen Speckwürfeln bestreuen. Als Beilage zu Blut- und Leberwurst servieren.

Dieses Gericht lässt sich auch gut mit Birnen statt der Äpfel zubereiten. Dabei bereiten Sie wie oben beschrieben ein Püree zu. Nun 2 Birnen waschen, schälen, vierteln und Kerngehäuse entfernen. Das Fruchtfleisch würfeln und in 30 Gramm Butter mit 2 Esslöffel Pinienkernen und mit etwas Zucker bestreut in der Pfanne anbraten und glasieren lassen. Die Birnen-Pinienkerne-Mischung unter das fertige Püree heben.

450 g saure Äpfel
1 TL Zitronensaft
450 g mehlig kochende Kartoffeln
Salz
etwa 120 ml Milch
1 Prise geriebene Muskatnuss
Pfeffer
50 g Butter
1 Prise Zucker
½ TL fein gehackter Zitronenthymian
100 g fein gewürfelter Räucherspeck

Mein Tipp:

59

Kuchen und Gebäck

Apfelstrudel

Für den Teig:

275 g Mehl

1 EL Öl, 1 Prise Salz

100 ml lauwarmes Wasser

1 EL flüssige Butter

Für die Füllung:

6 säuerliche Äpfel

3 EL Mandelblättchen

150 ml saure Sahne

50 ml Sahne

4 EL gemahlene Haselnüsse

Saft von 1 Zitrone

30 g Rumrosinen

2 EL Zucker

4 EL flüssige Butter

Puderzucker

1. Für den Strudelteig Mehl, Öl, Salz und Wasser mischen und mit dem Knethaken des Handrührgerätes zu einem geschmeidigen Teig verarbeiten. Den Teig zu einer Kugel formen und mit flüssiger Butter bestreichen. Bei Zimmertemperatur etwa 2 Stunden ruhen lassen.

2. Für die Füllung Äpfel schälen, vierteln, Kerngehäuse entfernen und in feine Scheiben schneiden. Mandelblättchen in einer Pfanne rösten. Backofen auf 200 Grad vorheizen.

3. Äpfel, saure Sahne, Sahne, 2 Esslöffel Haselnüsse, Mandeln, Zitronensaft und Rumrosinen in eine Schüssel geben, gut mischen und etwa 30 Minuten ziehen lassen.

4. Den Teig nach der Ruhezeit auf einem Tuch möglichst dünn ausrollen. Den hauchdünn ausgezogenen Strudelteig mit flüssiger Butter bestreichen, mit den restlichen Haselnüssen bestreuen und die Füllung auf den Teig geben. Dabei einen 5 Zentimeter breiten Rand freilassen.

5. Den Strudel mit Hilfe des Tuches aufrollen, in eine gebutterte ofenfeste Form geben und im Backofen etwa 30 Minuten backen. Strudel mit Puderzucker bestäuben und sofort servieren.

Mein Tipp:

Zwetschgenkuchen

1. Für den Vorteig Hefe mit 1 Esslöffel Zucker und etwa 5 Esslöffel lauwarmer Milch auflösen.

2. Mehl in eine Schüssel geben, eine Mulde in die Mitte drücken. Die Hefemilch hineingeben und mit etwas Mehl zu einem flüssigen Vorteig verrühren. Teig abgedeckt 20 Minuten gehen lassen.

3. Restliche Milch, Ei, Butter, Salz und einen Esslöffel Zucker zugeben. Vermischen und den Teig kneten, bis er eine geschmeidige Konsistenz hat. Eventuell noch etwas Wasser zugeben. Zugedeckt an einem warmen Ort noch einmal gehen lassen, bis der Teig sich etwa verdoppelt hat.

4. Zwetschgen waschen und entsteinen. Zwetschgen mit 130 Gramm Zucker bestreuen und 20 Minuten stehen lassen. Den Backofen auf 180 Grad vorheizen.

5. Den Teig nochmals durchkneten und auf ein mit Backpapier ausgelegtes Backblech ausrollen. Den Teig mit den Semmelbröseln bestreuen und mit den Zwetschgen schuppenförmig belegen.

6. Kuchen in den Backofen schieben und etwa 30–40 Minuten backen, bis die Ränder hellbraun sind. Den restlichen Zucker mit dem Zimt vermischen und den Kuchen damit bestreuen.

Für einen guten Zwetschgenkuchen sollte man auf die späten Zwetschgen warten. Mit geschlagener Sahne schmeckt er frisch am allerbesten.

Mein Tipp:
_____
_____
_____
_____

(für 1 Backblech)

30 g frische Hefe

180 g Zucker

¼ l Milch

500 g Mehl

1 Ei

75 g flüssige Butter

Salz

2 kg Zwetschgen

2 EL Semmelbrösel

1 TL gemahlener Zimt

Birnen-Käse-Kuchen

(für 1 Backblech)

Für den Hefeteig:

1 Würfel frische Hefe (42 g)

75 g Zucker

¼ l lauwarme Milch

500 g Mehl

abgeriebene Schale ½ unbehandelten Zitrone

1 Ei

75 g flüssige Butter

1 Prise Salz

Für den Belag:

1½ kg reife Birnen

5 EL Zitronensaft

3 Eier

1 Vanilleschote

150 g Zucker

500 g Magerquark

1 EL Speisestärke

40 g gehobelte Mandeln

Puderzucker zum Bestreuen

1 EL flüssige Butter
für das Blech

1. Für den Teig Hefe, 1 Esslöffel Zucker und etwa 5 Esslöffel lauwarme Milch verrühren. Mehl in eine Schüssel geben, eine Mulde in die Mitte drücken. Die Hefemilch hineingeben und mit etwas Mehl zu einem flüssigen Vorteig verrühren. Den Teig zugedeckt 20 Minuten gehen lassen.

2. Restlichen Zucker sowie restliche Milch, Ei, Butter und Salz zugeben. Vermischen und die Zutaten zu einem geschmeidigen Teig verkneten. Eventuell noch etwas Wasser zugeben. Zugedeckt an einem warmen Ort noch einmal gehen lassen, bis der Teig sich etwa verdoppelt hat.

3. Für den Belag Birnen waschen, vierteln, Kerngehäuse entfernen und in 1 Zentimeter breite Spalten schneiden. Zitronensaft mit 200 Milliliter Wasser mischen und über die Birnen gießen. Eier trennen. Eigelb mit dem Mark der Vanilleschote und 100 Gramm Zucker verrühren. Quark und Speisestärke untermischen. Eiweiß steif schlagen und vorsichtig unter die Quarkmasse ziehen. Backblech mit Butter einfetten. Backofen auf 200 Grad vorheizen.

4. Birnen aus dem Sud nehmen und im Sieb abtropfen lassen. Teig nochmals durchkneten und auf die Größe des Backbleches ausrollen. Das Blech damit belegen und einen Rand formen. Die Quarkcreme gleichmäßig darauf verteilen. Birnenspalten leicht in den Quark drücken. Kuchen 10 Minuten ruhen lassen. Restlichen Zucker und Mandeln über die Birnen streuen. Im Backofen 40 Minuten backen. Abkühlen lassen und mit Puderzucker bestreuen.

Mein Tipp:

Apfelkuchen mit Datteleis und Karamell

1. Für das Eis Datteln in der Milch etwa 30 Minuten bei schwacher Hitze köcheln. Pürieren und kühl stellen. Eier trennen, Eigelb schaumig rühren, Eiweiß steif schlagen. Zuerst Eigelb, dann Eischnee vorsichtig mit dem Schneebesen unter das Dattelmus heben. In den Gefrierschrank geben, dabei gelegentlich umrühren.

2. Für den Teig Mehl auf die Arbeitsfläche geben. In Würfel geschnittene Butter, Zucker, Eigelb, Ei, Vanillinzucker zugeben und zu einem geschmeidigen Teig verkneten. Den fertigen Teig zu einer Kugel formen und eine Stunde im Kühlschrank ruhen lassen.

3. Für die Füllung Äpfel waschen, schälen, Kerngehäuse entfernen und in Scheiben schneiden. Sofort mit dem Zitronensaft beträufeln. Backofen auf 120 Grad vorheizen. Die Form fetten.

4. Mürbeteig 1 Millimeter dick ausrollen und 2 Kreise vom gleichen Durchmesser wie die Kuchenform ausschneiden. Die gefettete Form mit einer Teigplatte auslegen und einen 5 Zentimeter hohen Rand formen. Den Teig mehrmals mit einer Gabel einstechen. Die Äpfel einfüllen und mit der zweiten Teigplatte zudecken. Bei 120 Grad etwa 1 Stunde backen. Den Apfelkuchen in der Form auskühlen lassen.

5. Kurz vor dem Servieren für das Karamell Zucker, Rotwein und Zitronensaft bei hoher Hitze etwa 10 Minuten karamellisieren, bis er dunkelbraun ist. Apfelkuchen in dünne Scheiben schneiden und mit einer Eiskugel auf Karamell servieren.

Mein Tipp:

_____

_____

_____

_____

(für 1 Springform, Ø 26 cm)

Für das Eis:

100 g entsteinte Datteln

100 g Milch, 3 Eier

Für den Teig:

110 g Dinkelmehl

70 g Butter, 60 g Zucker

1 Eigelb, 1 Ei

1 TL Vanillinzucker

Für die Füllung:

1 kg Äpfel

Saft von ½ Zitrone

Für das Karamell:

100 ml Rotwein

100 g Zucker

Saft von 1 Zitrone

Butter für die Form

Birnentorte mit Mandelfüllung

(für 1 Springform, Ø 26 cm)

Für den Teig:

250 g Mehl

½ TL Salz, 40 g Zucker

150 g kalte Butter

1 Ei, 1 EL Wasser

Für die Mandelcreme:

150 ml Milch

½ Vanillestange

2 Eigelb

40 g Zucker

25 g Kartoffelmehl

60 g Butter

60 g geriebene Mandeln

60 g Puderzucker

1 EL Rum

Für Belag und Glasur:

½ l Wasser, 120 g Zucker

1 Vanilleschote

abgeriebene Schale von ½ unbehandelten Zitrone

8 reife aromatische Birnen

Saft von ½ Zitrone

Butter für die Form

1. Für den Teig Mehl auf die Arbeitsfläche geben. Salz, Zucker, in Würfel geschnittene Butter, Ei und Wasser zugeben und alle Zutaten zu einem geschmeidigen Teig verkneten. Den fertigen Teig zu einer Kugel formen und eine Stunde im Kühlschrank ruhen lassen.

2. Zwei Drittel des Teigs ausrollen und einen Kreis vom gleichen Durchmesser wie die Kuchenform ausschneiden. Die gebutterte Form mit einer Teigplatte auslegen. Mit dem restlichen Teig einen 5 Zentimeter hohen Rand formen, gut an den Springformrand andrücken. Boden mehrmals einstechen. In den Kühlschrank stellen.

3. Für die Mandelcreme Milch mit dem Mark der Vanillestange erhitzen. Eigelb und Zucker über heißem Wasserdampf schaumig schlagen. Die Hälfte des Kartoffelmehls zugeben und unter ständigem Rühren die heiße Milch zugießen. Masse in den Milchtopf zurückgeben und nochmals unter Rühren kurz aufkochen. Im kalten Wasserbad kalt rühren. Butter schaumig rühren. Mit Mandeln, Puderzucker, restlichem Kartoffelmehl und Rum vermischen. In die abgekühlte Creme geben und vorsichtig unterheben. Die Creme auf den ungebackenen Teig geben und gleichmäßig ausstreichen.

4. Für Belag und Glasur Wasser mit 100 Gramm Zucker, Vanillemark sowie Zitronenschale 10 Minuten kochen lassen. Ofen auf 200 Grad vorheizen. Birnen waschen, längs halbieren, Kerngehäuse vorsichtig ausstechen. Birnen so in Streifen schneiden, dass sie am Stängelende noch zusammenhalten. Birnen in den Sud legen und darin 5 Minuten ziehen lassen. Vorsichtig herausheben abtropfen lassen, den Sud abseihen.

5. Birnenhälften leicht aufgeblättert in die Creme betten. Torte 30 Minuten auf der zweituntersten beziehungsweise mittleren Schiene im Ofen backen. 200 Milliliter vom Birnensud mit dem Saft von ½ Zitrone und dem restlichen Zucker langsam auf ein Drittel einkochen. Die gebackene lauwarme Torte damit bestreichen.

Mein Tipp:

Apfelküchlein mit Marzipan

1. Äpfel waschen, schälen, halbieren und Kerngehäuse entfernen. In die runden Apfelseiten mit einem Messer quer 1–2 Zentimeter tiefe Einschnitte machen, ohne dass sie zerfallen. Mit Zitronensaft beträufeln.

2. Eier, Marzipan-Rohmasse, Zucker, Vanilleschote, Salz und Mandelaroma mit dem Rührgerät 3–5 Minuten schaumig schlagen. Mehl und Backpulver sieben, mit den Mandeln mischen und nach und nach unter die Eiermasse arbeiten. Backofen auf 180 Grad vorheizen.

3. Förmchen mit der flüssigen Butter auspinseln. Teig in 8 Teile teilen und die Förmchen damit auslegen. Jeweils 1 Apfelhälfte mit der flachen Seite nach unten leicht in den Teig drücken. Im Backofen 30–35 Minuten backen. Nach 20 Minuten mit Alufolie abdecken.

4. Etwas abkühlen lassen, aus der Form nehmen und auf ein Kuchengitter setzen. Gelee erwärmen und auf die Äpfel streichen. Ausgekühlt mit Puderzucker bestreuen.

Mein Tipp:

_____

_____

_____

_____

(für 8 Förmchen, Ø 11 cm)

4 säuerliche Äpfel

Saft von 1 Zitrone, 4 Eier

75 g Marzipan-Rohmasse

80 g Zucker

Mark von ½ Vanilleschote

1 Prise Salz

4 Tropfen Bittermandelaroma

40 g Mehl, 1 TL Backpulver

200 g gemahlene Mandeln

2 EL flüssige Butter für die Förmchen

5 EL rotes Johannisbeergelee

Puderzucker zum Bestreuen

Birnenmuffins mit Haselnüssen

(für 12 Stück)

gehackte Haselnüsse zum Garnieren

400 g reife Birnen

450 g Dinkelmehl

3 TL Backpulver

1 TL gemahlener Zimt

½ TL geriebene Muskatnuss

120 g Rohrzucker

100 g gehackte Haselnüsse

2 Eier

375 ml Milch

Mark von 1 Vanilleschote

125 g flüssige Butter

Puderzucker zum Bestäuben

1. Haselnüsse trocken in einer Pfanne rösten, abkühlen lassen. Ein Muffinblech fetten oder Papierförmchen hinsetzen. Backofen auf 200 Grad vorheizen. Birnen waschen, schälen, vierteln, Kerngehäuse entfernen und klein hacken.

2. Mehl und Backpulver in eine Schüssel sieben, Zimt, Muskatnuss, Zucker, Birnen und Haselnüsse unterrühren. In die Mitte des Teigs eine Mulde drücken.

3. Eier mit Milch und Vanillemark in einer Rührschüssel verquirlen. Zur Mehl-Birnen-Mischung geben, Butter zugeben. Zutaten zu einem nicht ganz glatten Teig verrühren.

4. Muffinförmchen zu etwa zwei Dritteln mit Teig füllen. Haselnüsse darauf verteilen und leicht andrücken. Muffins etwa 30 Minuten backen. In der Muffinform 5 Minuten abkühlen lassen, auf einem Kuchengitter auskühlen lassen. Vor dem Servieren mit Puderzucker bestäuben.

Mein Tipp:

Herbstkuchen mit Äpfeln und Birnen

1. Für den Belag Äpfel und Birnen waschen, schälen, vierteln, Kerngehäuse entfernen. Äpfel längs in feine Scheiben schneiden, Birnen grob würfeln. Walnusskerne grob hacken. Butter in einem großen Topf erwärmen. Äpfel andünsten, nach 5 Minuten die Birnen und Nusskerne zugeben, mit 100 Gramm Zucker bestreuen. Vorsichtig umrühren und zugedeckt 10 Minuten weiterdünsten. Den Fruchtsaft abgießen und die Früchte bei großer Hitze so lange erwärmen, bis sie trocken sind. Beiseite stellen.

2. Für den Teig Mehl in eine Schüssel sieben, restlichen Zucker und Salz zugeben und nach und nach die Eier unterrühren. Birnenschnaps zugeben und den Teig mit dem Schneebesen kräftig schaumig schlagen.

3. In einer Pfanne bei mittlerer Hitze 2 Esslöffel Öl erwärmen und die Hälfte des Teigs in die Pfanne geben und gleichmäßig verteilen. Die Früchte auf dem Teig verteilen und mit einem Holzlöffel leicht in den Teig drücken. Nun die zweite Hälfte des Teigs auf die Früchte streichen und die Oberfläche glatt streichen. Einen Deckel auf die Pfanne setzen, aber einen Spalt offen lassen, damit der Dampf entweichen kann. Bei schwacher Hitze 10 Minuten backen.

4. Den Kuchen auf eine große Platte stürzen. Restliches Öl in der Pfanne erwärmen und den Kuchen wieder in die Pfanne gleiten lassen. Bei mittlerer Hitze etwa 3 Minuten backen. Nun auf eine Kuchenplatte gleiten lassen, mit dem Zucker bestreuen und abkühlen. Mit einer Alufolie abdecken und 24 Stunden im Kühlschrank kühlen.

Mein Tipp:

Für den Belag:

450 g säuerliche Äpfel

300 g feste Birnen

60 g Walnusskerne

2 EL Butter

200 g brauner Rohrzucker

Für den Teig:

50 g Dinkelmehl

1 Prise Salz

6 Eier

2 EL Birnenschnaps

3–4 EL Nussöl

Zucker zum Bestreuen

Apfel-Ingwer-Pie

(für 1 Pie-Form, Ø 26 cm)

Für den Teig:

250 g Dinkelmehl

150 g kalte Butter

50 g Schweineschmalz

1 Prise Salz

2 EL Zucker

Butter für die Form

Für den Belag:

1½ kg säuerliche Äpfel

80 g kandierter Ingwer

1 unbehandelte Orange

100 g feiner Rohrzucker

2 TL Vanille-Puddingpulver

1 TL gemahlener Zimt

1 EL gemahlene Mandeln

Zum Garnieren:

Milch zum Bestreichen

Zucker zum Bestreuen

1. Für den Teig Mehl sieben, Butter und Schweineschmalz klein würfeln und zusammen mit Salz und Zucker in eine Schüssel geben. Mit dem Knethaken des Handrührgerätes zu Krümeln verarbeiten. Nach und nach 6 Esslöffel Eiswasser unterrühren. So lange kneten, bis ein glatter Teig entsteht. Zu einer Kugel formen und abgedeckt 2 Stunden im Kühlschrank ruhen lassen.

2. Die Hälfte des Teigs ausrollen. Boden und Rand einer gefetteten Pie-Form damit auslegen. Teigboden mit einer Gabel mehrmals einstechen. Form 20 Minuten kalt stellen. Die zweite Hälfte des Teigs auf die Größe der Pie-Form ausrollen. Auf Backpapier geben und ebenfalls kalt stellen. Backofen auf 180 Grad vorheizen.

3. Für den Belag Äpfel waschen, schälen, halbieren, Kerngehäuse entfernen und in ½ Zentimeter dicke Scheiben schneiden. Ingwer fein hacken, Schale der Orange abreiben. Beides mit Rohrzucker, Puddingpulver und Zimt unter die Äpfel mischen. Mandeln gleichmäßig auf den Teigboden streuen, Apfelmischung darauf geben und mit der zweiten Teigplatte abdecken. Den überstehenden Rand nach innen umklappen und leicht festdrücken.

4. Teigdeckel mehrmals mit einer Gabel einstechen. Pie mit Milch bestreichen, mit Zucker bestreuen. Im Backofen auf der untersten Schiene 50–60 Minuten backen.

5. In der Form etwas abkühlen lassen, auf einem Kuchengitter auskühlen lassen.

Mein Tipp:

Birnen-Mandel-Tarte

1. Backofen auf 175 Grad vorheizen. Eine Pie-Form mit Butter auspinseln. In einer kleinen Pfanne 5 Esslöffel Butter zerlassen. Abkühlen lassen. Restliche Butter würfeln und beiseite stellen.

2. Mandeln mit 150 Gramm Kristallzucker in der Küchenmaschine klein hacken. Die Mandeln dürfen nicht fein gemahlen sein, da sonst der Teig zu breiig wird. Mehl, Zimt, Muskatnuss und Salz in eine Schüssel geben und mit der Mandel-Zucker-Mischung gut vermengen.

3. In einer kleinen Schüssel Eier, Birnengeist, Milch, Vanillemark und die zerlassene Butter gut vermischen. Unter die Mehl-Mandel-Mischung arbeiten. Teig in die gefettete Pie-Form geben und glatt streichen.

4. Birnen waschen, schälen, vierteln, Kerngehäuse entfernen. Mit dem Küchenmesser quer 1–2 Zentimeter tiefe Einschnitte machen, aber nur so weit, dass sie nicht zerfallen. Birnenviertel mit einer Küchenspachtel strahlenförmig so auf den Teig legen, dass das breite Ende an den Rand der Pie-Form stößt. Birnen leicht in den Teig drücken.

5. Mit dem restlichen Kristallzucker bestreuen und 10 Minuten auf der unteren Einschubleiste des Backofens backen. Dann weitere 30–35 Minuten auf der oberen Einschubleiste backen, bis der Teig goldbraun ist. In der Form auskühlen lassen.

(für 1 Pie-Form, Ø 26 cm)

6 EL Butter
200 g ganze Mandeln
160 g Kristallzucker
75 g Weizenmehl
½ TL gemahlener Zimt
½ TL geriebene Muskatnuss
¼ TL Salz
2 Eier (leicht verquirlt)
2 EL Birnengeist
4 EL Milch
Mark von 1 Vanilleschote
2 feste Birnen
1 EL flüssige Butter für die Form

Mein Tipp:

Apfelkuchen mit Marzipangitter

(für 1 Springform, Ø 26 cm)

Für den Teig:

200 g Dinkelmehl

1 TL Backpulver

100 g Speisequark

80 g Zucker, 1 Prise Salz

½ Vanilleschote

100 g kalte Butter

Für die Füllung:

1 kg säuerliche Äpfel

abgeriebene Schale von 1 unbehandelten Zitrone

5 EL Zitronensaft

2 EL Zucker

1 Msp. gemahlener Zimt

1 Gewürznelke

150 g Marzipan-Rohmasse

4 EL Puderzucker

Für den Guss:

40 g Puderzucker

Erbsen zum Blindbacken

Butter für die Form

1. Für den Teig Mehl und Backpulver auf die Arbeitsfläche sieben. Quark, Zucker, Salz, Mark der Vanilleschote und in Würfel geschnittene Butter zugeben und die Zutaten zu einem geschmeidigen Teig verkneten. Den fertigen Teig zu einer Kugel formen und 1 Stunde im Kühlschrank ruhen lassen.

2. Für die Füllung Äpfel waschen, schälen, vierteln, Kerngehäuse entfernen und noch einmal quer halbieren. Aus Zitronenschale, Zitronensaft, 1 Esslöffel Wasser, Zucker, Zimt und Nelke einen Sud herstellen. Apfelstücke darin etwa 10 Minuten bei schwacher Hitze dünsten, aus dem Sud nehmen und im Sieb abtropfen lassen. Sud abseihen und beiseite stellen. Backofen auf 180 Grad vorheizen.

3. Mürbeteig ausrollen und die gefettete Form damit auskleiden, dabei einen 5 Zentimeter hohen Rand formen. Den Teig mehrmals mit einer Gabel einstechen. Pergamentpapier darauf legen und die Erbsen darauf verteilen. Den Boden im Ofen etwa 15 Minuten hellbraun vorbacken, dann herausnehmen und das Papier und die Erbsen entfernen. Die vorbereiteten Apfelstücke auf dem vorgebackenen Boden verteilen und den Kuchen 20 Minuten backen.

4. Marzipan-Rohmasse in kleine Stücke schneiden, mit der Hälfte des Puderzuckers verkneten. Die Arbeitsfläche mit dem restlichen Puderzucker bestreuen, Marzipan ausrollen, Streifen schneiden und gitterförmig über den Kuchen legen. Weitere 15 Minuten backen. Kuchen in der Form abkühlen lassen.

5. Aus Puderzucker und 1–2 Teelöffeln Sud einen Guss herstellen, das Marzipangitter damit bepinseln.

Mein Tipp:

Birnenkuchen mit Sauerrahmguss

1. Für den Teig Mehl auf die Arbeitsfläche sieben. Nüsse, Zucker, Salz, in Würfel geschnittene Butter, Ei und Wasser dazugeben und zu einem geschmeidigen Teig zusammenkneten. Den fertigen Teig zu einer Kugel formen und 1 Stunde im Kühlschrank ruhen lassen.

2. Für den Belag Birnen waschen, schälen, vierteln, Kerngehäuse entfernen. Birnensaft mit Honig, aufgeritzter Vanilleschote und Zitronensaft in einem Topf aufkochen lassen. Birnen hineinlegen und etwa 5 Minuten garen lassen. Aus dem Sud nehmen und im Sieb abtropfen lassen.

3. Backofen auf 180 Grad vorheizen. Teig ausrollen. Boden und Rand einer gefetteten Springform damit auslegen. Teigboden mit einer Gabel mehrmals einstechen. Birnen darauf verteilen.

4. Eier trennen. Saure Sahne mit Eigelb und Birnensud verrühren. Eiweiß steif schlagen dabei langsam den Puderzucker einrieseln. Eischnee locker unter die Eigelbcreme rühren und auf den Birnen gleichmäßig verteilen. Kuchen 40 Minuten backen. In der Form etwas abkühlen lassen, auf einem Kuchengitter auskühlen lassen.

Mein Tipp: _____

_____

_____

_____

(für 1 Springform, Ø 26 cm)

Für den Teig:

150 g Mehl

100 g gemahlene Walnüsse

80 g Zucker

1 Prise Salz

150 g kalte Butter

1 Ei

2 EL kaltes Wasser

Für den Belag:

1 kg feste Birnen

⅛ l Birnensaft

1 EL Honig

1 Vanilleschote

2 EL Zitronensaft

Butter für die Form

2 Eier

200 g saure Sahne

30 g Puderzucker

Zwetschgentarte nach französischer Art

(für 1 Springform, Ø 26 cm)

Für den Teig:

250 g Mehl

125 g Butter

1 Prise Salz

100 g Zucker

1 Ei

Für den Belag:

1,4 kg Zwetschgen

60 g Walnusskerne

4 EL Kristallzucker

50 g Butter

Butter für die Form

1. Für den Teig Mehl auf die Arbeitsfläche sieben. In Würfel geschnittene Butter, Salz, Zucker und Ei zugeben und die Zutaten zu einem geschmeidigen Teig verkneten. Den Teig zu einer Kugel formen und eine Stunde im Kühlschrank ruhen lassen.

2. Für den Belag Zwetschgen waschen, trocknen und entsteinen. Nüsse mit 2 Esslöffel Kristallzucker in der Küchenmaschine fein mahlen. Butter würfeln und beiseite stellen. Backofen auf 180 Grad vorheizen.

3. Mürbeteig ausrollen und die gefettete Form damit auskleiden, dabei einen 5 Zentimeter hohen Rand formen. Den Teig mehrmals mit einer Gabel einstechen. Die Mandel-Zucker-Mischung gleichmäßig auf dem Teigboden verteilen. Zwetschgen vom Rand her und fast stehend dicht an dicht, Innenseite nach oben, darauf legen. Mit den Butterwürfeln belegen und dem restlichen Kristallzucker bestreuen. Kuchen im Backofen etwa 35 Minuten backen.

4. In der Form etwas abkühlen lassen, auf einem Kuchengitter auskühlen lassen.

Mein Tipp:

Apfel-Creme-Kuchen mit Nussbelag

1. Für die Füllung Walnüsse in einer Pfanne trocken rösten. In einem Mixer Nüsse, Zucker, Zimt und Apfeldicksaft kräftig vermengen. Die Hälfte der Mischung aus dem Mixer nehmen und beiseite stellen.

2. Für den Belag Butter, Mehl und Vanillemark zugeben und noch einmal kräftig mixen. Springform einfetten, Backofen auf 150 Grad vorheizen.

3. Für den Teig Eier, 50 Milliliter saure Sahne und Vanillemark verrühren. In einer Rührschüssel Mehl, Speisestärke, Zucker, Backpulver und Salz mischen, Butter, restliche saure Sahne und die Hälfte der Eimischung zugeben. Nach und nach den Rest der Eimischung unterrühren.

4. Äpfel waschen, schälen, vierteln, Kerngehäuse entfernen und längs in feine Streifen schneiden. Sofort mit Zitronensaft beträufeln. Zwei Drittel des Teigs in die gefettete Springform geben, die Füllung darauf verteilen und glatt streichen. Die Apfelscheiben gleichmäßig auf die Füllung geben. Den Rest des Teigs auf die Äpfel geben und zum Schluss den Nussbelag gleichmäßig verteilen.

5. Etwa 1¼–1½ Stunden backen. Die Oberfläche muss sich trocken anfühlen. In der Form abkühlen lassen.

Mein Tipp:

(für 1 Springform, Ø 26 cm)

Für Füllung und Belag:

100 g Walnüsse

50 g Zucker

1 TL gemahlener Zimt

1 EL Apfeldicksaft

50 Butter

50 g Mehl

Mark von ½ Vanilleschote

Butter für die Form

Für den Teig:

3 Eier, 200 ml saure Sahne

Mark von 1 Vanilleschote

150 g Mehl

50 g Speisestärke

200 g brauner Zucker

½ TL Backpulver

1 Prise Salz

170 g Butter

5 säuerliche Äpfel

2 EL Zitronensaft

Apfeltarte mit Blätterteig

350 g Blätterteig (tiefgekühlt)

30 g Marzipan-Rohmasse

1 EL gemahlene Haselnüsse

4–5 säuerliche Äpfel

2 EL Aprikosenmarmelade

1. Blätterteig auftauen lassen und 1 Millimeter dick ausrollen. Runde Scheiben von etwa 17 Zentimeter Durchmesser ausstechen. Ofen auf 220 Grad vorheizen. Marzipan-Rohmasse mit Haselnüssen und wenig Wasser verkneten und Blätterteigböden dünn damit bestreichen.

2. Äpfel waschen, schälen, vierteln, Kerngehäuse entfernen und in dünne Scheiben schneiden. Fächerförmig auf den Blätterteig schichten. Tartes auf ein gefettetes Blech legen und 15–20 Minuten backen.

3. Aprikosenmarmelade mit 1 Esslöffel Wasser erhitzen und glatt rühren. Dünn auf die fertigen Tartes auftragen und sofort servieren.

Dazu passt mit Rum aromatisierte, halbsteif geschlagene Sahne.

Mein Tipp: _____

_____

_____

Tiroler Apfelkuchen

(für 1 Backblech)

300 g Blätterteig (tiefgekühlt)

1 kg säuerliche Äpfel

2 EL Zitronensaft

50 g Rosinen

160 g Zucker

50 g gehackte Mandeln

½ TL gemahlener Zimt

2 Eier, ⅛ l Milch

Fett für das Blech

2 EL Zucker

½ TL Zimt zum Bestreuen

1. Blätterteig auftauen und auf ein mit Backpapier ausgelegtes Backblech ausrollen. Backofen auf 220 Grad vorheizen.

2. Äpfel waschen, schälen, vierteln, Kerngehäuse entfernen und in feine Scheiben schneiden. Sofort mit Zitronensaft beträufeln. Rosinen grob hacken, mit der Hälfte des Zuckers und Mandeln mischen und alles unter die Äpfel heben. Apfelmischung auf dem Blätterteig verteilen.

3. Eier mit restlichem Zucker verrühren und die Eiermasse über die Äpfel gießen. Kuchen etwa 40 Minuten backen. Zucker und Zimt mischen und den Kuchen vor dem Servieren damit bestreuen.

Mein Tipp: _____

_____

_____

Kleine Birnenpies

1. Für den Teig Mehl auf die Arbeitsfläche sieben. In Würfel geschnittene Butter, Salz und Zucker zugeben und die Zutaten zu einem geschmeidigen Teig verkneten. Den Teig zu einer Kugel formen und eine Stunde im Kühlschrank ruhen lassen. Ein Muffinblech fetten oder Papierförmchen hinsetzen.

2. Für den Belag Birnen waschen, schälen, vierteln, Kerngehäuse entfernen und in feine Scheiben schneiden. Sofort mit dem Zitronensaft beträufeln. Birnenstücke mit Zitronenschale, Zimt, Butter, Honig, Rosinen und 60 Gramm Walnüssen mischen.

3. Backofen auf 200 Grad vorheizen. Zwei Drittel des Teigs etwa 3 Millimeter dick ausrollen. Kreise in der Größe der Muffins ausstechen und in die Mulden drücken. Teigboden mit den restlichen Walnüssen bestreuen und die Birnenfüllung in die Mulden verteilen. Restlichen Teig ausrollen, Kreise ausstechen und als Deckel auf die Füllung legen. Deckel mit einer Gabel mehrmals einstechen.

4. Pies im vorgeheizten Backofen etwa 45 Minuten backen. In der Form etwas abkühlen lassen, auf einem Kuchengitter auskühlen lassen.

Mein Tipp:

_____

_____

_____

_____

(für 12 Stück)

Für den Teig:

300 g Dinkelmehl

150 g kalte Butter

1 Prise Salz

2 EL Rohrzucker

Für den Belag:

800 g süße Birnen

Saft von ½ Zitrone

abgeriebene Schale von
1 unbehandelten Zitrone

2 TL gemahlener Zimt

3 EL Butter

5 EL Honig

2 EL Rosinen

80 g gemahlene Walnüsse

Apfelmuffins mit Haselnussstreuseln

(für 12 Stück)

Für die Streusel:

1 EL Butter

3 EL Rohrzucker

3 EL gehackte Haselnüsse

2 EL Mehl

Für den Teig:

250 g Mehl

50 g Rohrzucker

Mark von ½ Vanilleschote

1 TL Backpulver

1 Prise Salz

1 säuerlicher Apfel

200 ml naturtrüber Apfelsaft

3 EL Öl

1 Ei

1. Für die Streusel Butter in sehr kleine Würfel schneiden. Zucker, Haselnüsse, Mehl und Butter in eine kleine Schüssel geben und mit den Händen zu Krümeln verarbeiten.

2. Für den Teig Mehl, Zucker, Vanillemark, Backpulver und Salz geben und gut vermischen. Apfel waschen, schälen, Kerngehäuse entfernen und raspeln. Unter den Teig mengen.

3. Ein Muffinblech einfetten oder Papierförmchen hineinsetzen. Backofen auf 200 Grad vorheizen.

4. In einem Rührbecher Apfelsaft, Öl und Ei kräftig miteinander verschlagen und nach und nach in die Mehlmischung geben. Muffinförmchen zu etwa zwei Drittel mit Teig füllen. Haselnussstreusel gleichmäßig darauf verteilen und leicht andrücken.

5. Muffins etwa 20 Minuten backen. In der Form etwas abkühlen lassen, auf einem Kuchengitter auskühlen lassen.

Mein Tipp:

_____

_____

_____

_____

Apfel-Rhabarber-Kuchen

1. Äpfel waschen, schälen, vierteln, Kerngehäuse entfernen und in feine Streifen schneiden. Sofort mit Zitronensaft beträufeln. Rhabarber waschen, schälen und in Stücke schneiden. Mit 40 Gramm Zucker und 1–2 Esslöffel Wasser in einem Topf weich dünsten. Abkühlen lassen. Backofen auf 200 Grad vorheizen.

2. Butter mit restlichem Zucker, Salz und Zitronenschale schaumig rühren. Eier trennen. Eigelb nach und nach unter die Masse rühren. Gesiebtes Mehl und Backpulver untermengen.

3. Rhabarber unter den Teig heben. Eiweiß steif schlagen und ebenfalls vorsichtig unter den Teig heben.

4. Teig in eine gefettete Springform einfüllen und die Äpfel darauf verteilen. Gelee in einem Topf erwärmen und den Kuchen damit bestreichen. Etwa 50 Minuten backen.

Mein Tipp: _____

_____

_____

_____

_____

(für 1 Springform, Ø 26 cm)

750 g rote säuerliche Äpfel

4 EL Zitronensaft

200 g Rhabarber

190 g Zucker

150 g weiche Butter

1 Prise Salz

**abgeriebene Schale von
1 unbehandelten Zitrone**

3 Eier

200 g Mehl

1 TL Backpulver

3 EL Apfelgelee

Butter für die Form

»Torta di mele« – Apfelkuchen aus der Toskana

(für 1 Springform, Ø 26 cm)

750 g säuerliche Äpfel

Saft von 1 unbehandelten Zitrone

2 Eier, 180 g Zucker

½ Vanilleschote

100 g flüssige Butter

100 g Dinkelmehl

½ Päckchen Backpulver

100 ml Milch

Butter für die Form

1. Äpfel waschen, schälen, vierteln, Kerngehäuse entfernen und in sehr dünne Scheiben schneiden. Sofort mit Zitronensaft beträufeln. Backofen auf 200 Grad vorheizen.

2. Eier, Zucker und Mark der Vanilleschote cremig schlagen. Butter vorsichtig unterrühren. Mehl mit Backpulver mischen und abwechselnd mit der Milch unter die Eimasse rühren. Äpfel untermischen. Masse in eine gefettete Springform geben und etwa 45 Minuten backen.

Mein Tipp: _____

_____

_____

Maiskuchen mit Pflaumen

(für 1 Tarte-Form, Ø 26 cm)

650 g entsteinte Backpflaumen

100 ml Armagnac

9 EL Maismehl

10 EL Puderzucker

9 Eier

1½ l Milch

1 EL flüssige Butter für die Form

1. Pflaumen über Nacht in Armagnac einweichen. Am nächsten Tag Pflaumen in ein Sieb geben und abtropfen lassen. Tarte-Form gut einfetten. Backofen auf 180 Grad vorheizen.

2. Maismehl mit 9 Esslöffel Puderzucker vermischen. Eier in eine Rührschüssel geben und kräftig verquirlen. In eine zweite Schüssel Mehl sieben und die Eier unter ständigem Rühren hineingeben. Nun die Milch langsam unterrühren.

3. Teig in die gefettete Tarte-Form gießen und mit dem restlichen Puderzucker bestreuen. Die Pflaumen gleichmäßig auf dem Teig verteilen. Etwa 45 Minuten backen. In der Form abkühlen lassen.

Am besten schmeckt der Kuchen, wenn er einen Tag ruht.

Mein Tipp: _____

_____

_____

Apfel-Mohn-Kuchen

1. Für den Teig Hefe mit 1 Esslöffel Zucker und etwa 5 Esslöffel lauwarmer Milch auflösen. Mehl und Mohn in eine Schüssel geben, eine Mulde in die Mitte drücken. Hefemilch hineingeben und mit etwas Mehl zu einem flüssigen Vorteig verrühren. Teig zugedeckt 20 Minuten gehen lassen.

2. Restlichen Zucker und Milch, Eigelb, Butter und Salz unterarbeiten und zu einem geschmeidigen Teig kneten. Zugedeckt an einem warmen Ort noch einmal gehen lassen, bis der Teig sich etwa verdoppelt hat. Backofen auf 190 Grad vorheizen.

3. Für den Belag Crème fraîche, Zucker, Zimt, Eigelb und Speisestärke glatt rühren. Den Teig nochmals durchkneten und auf ein mit Backpapier ausgelegtes Backblech ausrollen. Den Teig gleichmäßig mit der Crème-fraîche-Masse bestreichen.

4. Äpfel waschen, schälen, vierteln, Kerngehäuse entfernen und in Streifen schneiden. Sofort mit Zitronensaft beträufeln. Apfelscheiben dicht an dicht auf den Teig legen. Mit Mandeln, Zucker und Zimt bestreuen und etwa 30–35 Minuten backen. Gelee erwärmen und den noch heißen Kuchen damit bestreichen.

Mein Tipp:

_____

_____

_____

_____

(für 1 Backblech)

Für den Teig:

30 g frische Hefe

60 g Zucker, 120 ml Milch

340 g Mehl

60 g gemahlener Mohn

4 Eigelb, 150 g weiche Butter

1 Msp. Salz

Für den Belag:

400 g Crème fraîche

60 g Zucker

2 TL gemahlener Zimt

3 Eigelb, 1 EL Speisestärke

1½ kg säuerliche Äpfel

2 EL Zitronensaft

Zum Garnieren:

Mandelblättchen

Zucker, gemahlener Zimt

Apfelgelee zum Bestreichen

Fruchtige Pflaumenmuffins

(für 12 Stück)

Für den Teig:

110 g entsteinte Backpflaumen

150 g Mehl

150 g Vollkornmehl

2 TL Backpulver

120 Rohrzucker

50 g Haferflocken

2 Eier, ¼ l Milch

100 g flüssige Butter

Für die Streusel:

20 g Butter, 1 EL Mehl

½ TL gemahlener Zimt

¼ TL geriebene Muskatnuss

60 g Rohrzucker

4 EL Haferflocken

1. Für den Teig Backpflaumen klein hacken. Backofen auf 200 Grad vorheizen. Ein Muffinblech fetten oder Papierförmchen hinsetzen. Mehl, Vollkornmehl und Backpulver in eine Schüssel sieben. Zucker, Haferflocken und Pflaumen unterrühren und in die Mitte eine Mulde drücken.

2. In einer zweiten Schüssel Eier mit Milch verquirlen und mit der flüssigen Butter in die Mehlmischung geben. Vorsichtig verrühren. Der Teig sollte noch Klümpchen haben. Muffinförmchen zu etwa zwei Drittel mit Teig füllen.

3. Für die Streusel Butter in kleine Würfel schneiden. Alle Zutaten in eine Schüssel geben und mit den Händen zerkrümeln. Vor dem Backen über die Muffins streuen und leicht andrücken.

4. Muffins etwa 20 Minuten backen. In der Form etwas abkühlen lassen, auf einem Kuchengitter auskühlen lassen.

Mein Tipp:

Gedeckter Apfelkuchen vom Blech

1. Für den Teig Hefe mit 1 Esslöffel Zucker und etwa 5 Esslöffel lauwarmer Milch auflösen. Mehl in eine Schüssel sieben, eine Mulde in die Mitte drücken. Hefemilch hineingeben und mit etwas Mehl zu einem flüssigen Vorteig verrühren. Teig abgedeckt 20 Minuten gehen lassen.

2. Restliche Milch, Ei, Butter und Salz und restlichen Zucker unterrühren. Zutaten zu einem geschmeidigen Teig verkneten. Eventuell noch etwas Wasser zugeben. Zugedeckt an einem warmen Ort noch einmal gehen lassen, bis der Teig sich etwa verdoppelt hat.

3. Für den Belag Äpfel waschen, schälen, vierteln, Kerngehäuse entfernen und in sehr dünne Scheiben hobeln. Sofort mit Zitronensaft beträufeln. Backofen auf 200 Grad vorheizen.

4. Teig nochmals durchkneten und zwei Drittel des Teigs auf ein mit Backpapier ausgelegtes Backblech ausrollen. Den Teig mit Äpfeln belegen. Mit Zitronenschale, Zimt und der Hälfte des Zuckers bestreuen. Den restlichen Teig ebenfalls dünn ausrollen und als Deckel auf die Äpfel legen. Die Teigränder fest zusammendrücken.

5. Oberfläche mit der Hälfte der Sahne beträufeln, mit dem restlichen Zucker und den Mandelblättchen bestreuen. Den Kuchen in etwa 40 Minuten goldgelb backen. Dabei nach und nach die Oberfläche mit der restlichen Sahne beträufeln.

Mein Tipp:

_____

_____

_____

_____

(für 1 Backblech)

Für den Teig:

30 g frische Hefe

70 g Zucker

⅛ l lauwarme Milch

400 g Mehl

1 Ei

80 g weiche Butter

1 Prise Salz

Für den Belag:

1 kg säuerliche Äpfel

Saft und abgeriebene Schale von 1 unbehandelten Zitrone

½ TL gemahlener Zimt

80 g Zucker

⅛ l Sahne

60 g Mandelblättchen

Apfel-Quark-Kuchen

(für 1 Springform, Ø 26 cm)

Für den Teig:

500 g Quark

250 g Mehl

125 g kalte Butter

1 Prise Salz

110 g Zucker

Für den Belag:

500 g säuerliche Äpfel

Saft von ½ Zitrone

60 g Sultaninen

1 Päckchen Vanille-Puddingpulver

90 g Zucker

4 kleine Eier

Butter für die Form

1. Quark in ein Sieb geben und abtropfen lassen. Mehl auf die Arbeitsfläche sieben. In Würfel geschnittene Butter, Salz und Zucker zugeben und die Zutaten zu einem geschmeidigen Teig verkneten. Den Teig zu einer Kugel formen und 1 Stunde im Kühlschrank ruhen lassen.

2. Äpfel waschen, schälen, vierteln, Kerngehäuse entfernen und in sehr dünne Scheiben hobeln. Sofort mit Zitronensaft beträufeln. Backofen auf 180 Grad vorheizen. Sultaninen heiß abwaschen und abtropfen lassen. Quark mit Puddingpulver und Zucker mischen. Eier trennen und Eiweiß sehr steif schlagen. Eigelb und Sultaninen unter die Quarkmischung mengen, Eischnee unterheben.

3. Mürbeteig ausrollen und die gefettete Form damit auskleiden, dabei einen 5 Zentimeter hohen Rand formen. Den Teig mehrmals mit einer Gabel einstechen. Die Quarkmasse darauf verteilen. Mit den Apfelscheiben belegen. Kuchen etwa 1¼ Stunde backen. In der Form etwas abkühlen lassen, auf einem Kuchengitter auskühlen lassen.

Mein Tipp:

Pflaumentorte

(für 1 Tarte-Form, Ø 26 cm)

200 g Blätterteig (tiefgekühlt)

1 EL flüssige Butter für die Form

600 g Pflaumen

110 g Zucker

4 EL Zitronensaft

220 g Löffelbiskuits

8 EL süßer Sherry

120 g gemahlene Haselnüsse

Hagelzucker zum Bestreuen

1. Blätterteig auftauen und ausrollen. Kreis in der Größe der Tarte-Form ausschneiden. Form mit flüssiger Butter auspinseln und den Teig in die Form legen. Den übrigen Teig in Streifen schneiden.

2. Pflaumen waschen, halbieren, entkernen. Mit Zucker und Zitronensaft vermengen. Löffelbiskuits zerbröseln und mit Sherry und Haselnüssen ebenfalls untermengen. Backofen auf 220 Grad vorheizen. Füllung gleichmäßig auf dem Blätterteig verteilen und die Teigstreifen gitterförmig über den Kuchen legen. Mit eiskaltem Wasser bestreichen und mit Zucker bestreuen. Etwa 30 Minuten backen.

Mein Tipp:

Bunte Birnenpie

1. Für den Teig Mehl in eine Rührschüssel sieben. Butter und Schmalz in Würfel schneiden. Mit Zitronenschale, Salz, Puderzucker und Eiswasser mischen und einen glatten Teig zubereiten. Abgedeckt 2 Stunden im Kühlschrank ruhen lassen. Backofen auf 220 Grad vorheizen.

2. Die Hälfte des Teigs ausrollen. Boden und Rand einer gefetteten Pie-Form damit auslegen. Teigboden mit einer Gabel mehrmals einstechen. Form 20 Minuten kalt stellen. Die zweite Hälfte des Teigs auf die Größe der Pie-Form ausrollen. Auf ein Backpapier geben und ebenfalls kalt stellen.

3. Für den Belag Birnen waschen, schälen, halbieren, Kerngehäuse entfernen und in feine Scheiben schneiden. Mit Zucker, Zitronensaft, Wasser und Zimt in einem Topf halb gar dünsten, abkühlen lassen. Brombeeren waschen und abtropfen lassen. Amarettini zerkleinern und mit dem Obst auf den Teigboden verteilen. Mit der zweiten Teigplatte abdecken. Teigdeckel mehrmals mit einer Gabel einstechen. Mit Eigelb bestreichen und den Kuchen etwa 30 Minuten backen.

4. Vor dem Servieren mit Puderzucker bestreuen.

Mein Tipp:

_____

_____

_____

_____

(für 1 Pie-Form, Ø 26 cm)

Für den Teig:

250 g Dinkelmehl

150 g kalte Butter

50 g Schweineschmalz

abgeriebene Schale von 1 unbehandelten Zitrone

1 Prise Salz

60 g Puderzucker

5 EL Eiswasser

Butter für die Form

Für den Belag:

700 g reife Birnen

80 g Zucker

3 EL Zitronensaft

100 ml Wasser

1 TL gemahlener Zimt

200 g Brombeeren

40 g Amarettini (italienisches Mandelgebäck)

1 Eigelb

Puderzucker zum Bestreuen

Apfeltaschen

(für etwa 15 Stück)

Für den Teig:

150 g Quark

6 EL Öl

5 EL Milch

40 g Zucker

Mark von 1 Vanilleschote

300 g Mehl

2 TL Backpulver

Für die Füllung:

50 g Rosinen, 2 EL Rum

500 g säuerliche Äpfel

2 EL Zitronensaft

80 g Zucker

1–2 TL gemahlene
Ingwerwurzel

Für den Guss:

100 g Puderzucker

2 EL Zitronensaft

1. Für den Teig Quark in ein Sieb geben und abtropfen lassen.

2. Für die Füllung Rosinen waschen, abtropfen lassen und mit dem Rum beträufeln. Äpfel waschen, schälen, vierteln, Kerngehäuse entfernen und grob würfeln. Äpfel mit Zitronensaft, Zucker und Ingwer mischen und in einem Topf bei niedriger Hitze etwa 10 Minuten dünsten. Dabei ständig rühren. Abkühlen lassen.

3. Für den Teig Quark mit Öl, Milch, Zucker und dem Mark der Vanilleschote verrühren. Gesiebtes Mehl und Backpulver esslöffelweise unter den Quark ziehen und unterkneten. Backofen auf 200 Grad vorheizen. Teig nicht zu dünn ausrollen und Kreise von 10 Zentimeter Durchmesser ausstechen. Teigscheiben zur Hälfte mit Apfelmus füllen, zusammenklappen und die Ränder mit einer Gabel festdrücken. Apfeltaschen auf ein mit Backpapier ausgelegtes Backblech legen und etwa 20 Minuten goldgelb backen.

4. Puderzucker mit dem Zitronensaft anrühren und die noch warmen Apfeltaschen damit bestreichen.

Mein Tipp:

Quitten-Apfel-Rolle

1. Mehl in eine Rührschüssel sieben. In Würfel geschnittene Butter, Puderzucker, Salz, Eigelb, Milch und Weißwein zugeben und Zutaten zu einem geschmeidigen Teig verkneten. Teig zu einer Kugel formen und eine Stunde im Kühlschrank ruhen lassen.

2. Äpfel waschen, schälen, vierteln, Kerngehäuse entfernen und in feine Streifen schneiden. Quitten waschen, schälen, vierteln, Kerngehäuse entfernen und in feine Streifen schneiden. Äpfel und Quitten in eine Schüssel geben, mit Zucker, Zimt, Rosinen und Zitronensaft mischen und etwa 30 Minuten ziehen lassen. Backofen auf 180 Grad vorheizen.

3. Teig zu einem Rechteck (etwa 40 mal 25 Zentimeter) ausrollen. Teigränder gerade schneiden. Apfel-Quittenfüllung in die Mitte des Rechtecks geben und der Länge nach gleichmäßig verteilen. Die Seiten des Teigs über die Füllung legen, mit der Hälfte des Eiweißes bestreichen und leicht andrücken. Die Ränder nach unten einschlagen.

4. Von den Teigresten beliebige Formen ausstechen und die Apfel-Quitten-Rolle damit verzieren. Mit dem restlichen Eiweiß bestreichen, auf ein mit Backpapier ausgelegtes Backblech setzen. Etwa 15 Minuten backen, dann die Temperatur auf 160 Grad reduzieren und weitere 25 Minuten backen.

Mein Tipp:

_____

_____

_____

_____

Zutaten
300 g Mehl
220 g Butter
60 g Puderzucker
1 Prise Salz
2 Eigelb
3 EL Milch
2 EL Weißwein
500 g säuerliche Äpfel
500 g Quitten
120 g Zucker
½ TL gemahlener Zimt
60 g Rosinen
2 EL Zitronensaft
1 Eiweiß

Apfelkuchen mit Hagebutten

(für 1 Backblech)

Für den Teig:

1 Würfel frische Hefe (42 g)

4 EL Honig

⅛ l lauwarme Milch

400 g Vollkornmehl

50 g Sojamehl

5 Eier

3 EL Öl

1 Prise Salz

abgeriebene Schale von
2 unbehandelten Zitronen

Für den Belag:

1 kg säuerliche Äpfel

Saft von 1 Zitrone

4 Eier

220 g Hagebuttenmus

180 ml Sahne

Saft und abgeriebene Schale
von 1 unbehandelten Zitrone

130 g Mandelblättchen

1. Für den Teig Hefe mit 2 Esslöffel Honig und etwa 5 Esslöffel lauwarmer Milch auflösen. Mehl und die Hälfte des Sojamehls in eine Schüssel geben, eine Mulde in die Mitte drücken. Hefemilch hineingeben und mit etwas Mehl zu einem flüssigen Vorteig verrühren. Teig zugedeckt etwa 20 Minuten gehen lassen.

2. Restliche Milch, ein Ei, Öl, Salz und Zitronenschalen zugeben. Die Zutaten zu einem geschmeidigen Teig verkneten. Eventuell noch etwas Öl zugeben. Zugedeckt an einem warmen Ort noch einmal gehen lassen, bis der Teig sich etwa verdoppelt hat. Backofen auf 200 Grad vorheizen.

3. Für den Belag Äpfel waschen, schälen, vierteln, Kerngehäuse entfernen und in feine Scheiben schneiden. Sofort mit Zitronensaft beträufeln. Restliche Eier trennen, Eiweiß steif schlagen. Eigelb mit Hagebuttenmus, restlichem Honig, Sahne, restlichem Sojamehl, Saft und abgeriebener Schale von 1 Zitrone glatt rühren. Eischnee vorsichtig unterheben.

4. Teig nochmals durchkneten und auf ein mit Backpapier ausgelegtes Backblech ausrollen. Den Teig mit Äpfeln belegen, die Hagebuttenmasse gleichmäßig darauf verteilen und mit den Mandelblättchen bestreuen. Etwa 30 Minuten backen. Backofen abschalten und den Kuchen weitere 10 Minuten darin ruhen lassen.

Mein Tipp:

Versunkener Birnenkuchen

1. Pflaumen in einem Topf mit etwas Wasser kurz aufkochen, in ein Sieb geben und abtropfen lassen. Anschließend in ½ Zentimeter breite Streifen schneiden, mit Birnenbrand beträufeln und etwa 30 Minuten ziehen lassen.

2. Birnen waschen, schälen, vierteln, Kerngehäuse entfernen und in feine Streifen schneiden. Im kochenden Wasser blanchieren, sofort mit Eiswasser abschrecken und im Sieb abtropfen lassen. Backofen auf 200 Grad vorheizen.

3. Eier trennen. Butter mit Zucker und Vanillemark schaumig rühren, nach und nach Eigelb unterrühren. Gesiebtes Mehl, Backpulver und Salz untermengen. Eiweiße steif schlagen und vorsichtig unter den Teig heben.

4. Den Teig in die gefettete Form füllen. Pflaumen gleichmäßig auf den Teig legen, leicht andrücken. Birnenspalten darauf verteilen und mit den Haselnüssen bestreuen. Etwa 45 Minuten backen.

(für 1 Springform, Ø 26 cm)

200 g getrocknete Pflaumen

6 EL Birnenbrand

400 g feste Birnen

4 Eier

20 g weiche Butter

200 g Zucker

Mark von ½ Vanilleschote

250 g Mehl

1 Prise Salz

2 TL Backpulver

30 g gehackte Haselnüsse

Butter für die Form

Mein Tipp:

89

Desserts

Bratäpfel mit Marzipan und warmer Karamellsoße

Für die Bratäpfel:

1 unbehandelte Orange

50 g Marzipan

1 EL Rosinen

2 EL Rum

50 g gehackte Mandeln

1 Msp. gemahlene Nelken

4 säuerliche Äpfel

⅛ l naturtrüber Apfelsaft

20 g Butter

Butter für die Form

Für die Karamellsoße:

7 EL Butter

120 g brauner Zucker

250 g Crème fraîche

Puderzucker zum Garnieren

1. Für die Bratäpfel Orange waschen, mit einem Zestenreißer Schale abspänen und in einem Topf mit wenig Wasser kurz weich kochen. Aus dem Wasser nehmen und abtropfen lassen.

2. Marzipan, Rosinen, Rum, Mandeln, Nelken und Orangenzesten zu einer Masse verkneten.

3. Äpfel waschen, Kappe mit Stiel abschneiden, Kerngehäuse mit einem Ausstecher entfernen. Das frei gewordene Kernhaus mit der Marzipanmasse füllen. Backofen auf 180 Grad vorheizen.

4. Auflaufform einfetten, die Äpfel hineinsetzen und die Kappen wieder aufsetzen. Apfelsaft zugießen, mit Butterflöckchen belegen. Etwa 10–15 Minuten garen.

5. Für die Karamellsoße Butter mit Zucker bei mittlerer Hitze und häufigem Rühren zerlassen. Sobald der Zucker aufgelöst ist, langsam Crème fraîche unterrühren. Dabei ständig mit dem Schneebesen schlagen. Etwa 8–9 Minuten kochen, bis die Soße eine dicke Konsistenz hat. Warm stellen. Karamellsoße mit Bratäpfel auf 4 Teller anrichten und mit Puderzucker bestäuben.

Mein Tipp:

Birnensalat mit kleinen Grießklößchen

1. Speisestärke mit 2 Esslöffel Holundersaft glatt rühren. Restlichen Holundersaft mit 1 Esslöffel Honig, Zimtstange und Gewürznelken langsam aufkochen. Angerührte Speisestärke unterrühren. Kurz aufkochen lassen, Zimtstange und Gewürznelken entfernen und unter gelegentlichem Umrühren abkühlen lassen.

2. ⅛ Liter Wasser mit abgeriebener Schale von ½ Zitrone, Butter und 1 Esslöffel Honig aufkochen. Grieß unter ständigem Rühren einrieseln lassen und so lange rühren, bis sich der Grieß als Kloß vom Topf löst. Vom Herd nehmen und Quark und Ei einrühren. Die Masse etwa 5 Minuten abkühlen lassen.

3. Reichlich Salzwasser in einem großen Topf aufkochen lassen. Teig zu etwa 16 Klößchen formen und im siedenden Wasser 3–5 Minuten ziehen lassen. Herausnehmen und abtropfen lassen.

4. ⅛ Liter Wasser, Zitronensaft und restlichen Honig aufkochen lassen. Birnen waschen, längs halbieren, Kerngehäuse vorsichtig entfernen. Birnen so in Streifen schneiden, dass sie am Stängelende noch zusammenhalten. Birnen in den Sud legen, 2–3 Minuten ziehen lassen. Vorsichtig herausheben und abtropfen lassen.

5. Je eine Birnenhälfte leicht aufgeblättert auf einem Teller mit 3 Grießklößchen und Holundersoße dekorativ anrichten. Fein gehackte Pistazien darüber streuen.

Gut schmeckt auch statt der Holundersoße eine Pflaumensoße. Sie kann auf gleiche Weise zubereitet werden. Gute Fruchtsäfte finden Sie im Reformhaus.

Mein Tipp:

_____

_____

_____

_____

(für 8 Portionen)
1 EL Speisestärke
¼ l Holundersaft
5 EL Honig
½ Zimtstange
2 Gewürznelken
abgeriebene Schale von 1 unbehandelten Zitrone
1 EL Butter
4 EL Hartweizengrieß
1 EL Quark
1 Ei
Saft von 1 Zitrone
4 reife gelbe Birnen
10 g fein gehackte Pistazien

Zwetschgenterrine

(für 6–8 Portionen)

400 g reife Zwetschgen

35 g Zucker

2 Blatt Gelatine

abgeriebene Schale von
1 unbehandelten Orange

20 g gehobelte Mandeln

10 g fein gehakte Pistazien

2 cl Armagnac

¼ l Sahne

1 TL Puderzucker

1. Zwetschgen waschen, entsteinen und mit dem Zucker weich kochen. Abgießen und den Sud auffangen. Den Sud bei geringer Hitze köcheln, bis ein dickflüssiger Sirup zurückbleibt. Gelatine in kaltem Wasser einweichen, auspressen und im warmen Sirup auflösen.

2. Orangenschale, Mandeln, Pistazien und Armagnac zu den Zwetschgen geben. Zum Schluss Sirup unter die Masse rühren. In eine Terrine füllen und zum Erstarren mindestens 4 Stunden in den Kühlschrank stellen.

3. Sahne mit dem Puderzucker halb steif schlagen. Die Zwetschgen-Terrine stürzen, in Scheiben schneiden, mit der Sahne auf Tellern anrichten.

Für diese Terrine die späten Zwetschgen verwenden, die erst ab September reifen. Pflaumen eignen sich hierfür nicht.

Mein Tipp:

Quarkknödel mit Birnen-Holunder-Soße

1. Für die Soße Holunderbeeren sorgfältig entstielen, waschen, abtropfen lassen. Birnen waschen, schälen, Kerngehäuse entfernen und in feine Scheiben schneiden.

2. Zitronensaft und -schale, Zucker, Gewürze, Weißwein und ¼ Liter Wasser aufkochen. Holunder und Birnen in den Sud geben und etwa 10 Minuten köcheln. Im Sud abkühlen lassen, Zimt und Gewürznelken sowie Zitronenschale entfernen, Obst im Mixer pürieren und durch ein Sieb streichen.

3. Für die Knödel Quark in ein Tuch geben und abtropfen lassen. Eier und Butter verrühren, Quark durch ein Sieb streichen und zugeben. 30 Minuten stehen lassen, dabei mehrmals kräftig durchschlagen. Salz, Zitronensaft und -schale, Zucker und Semmelbrösel unterheben und 30 Minuten ruhen lassen.

4. Knödel formen und in leicht kochendem Salzwasser ungefähr 12 Minuten ziehen lassen.

5. Für die Butterbrösel Butter in einer Pfanne zerlassen und die Brösel darin goldgelb rösten. Zucker und Zimt zugeben. Mit der Soße auf große flache Teller einen Spiegel gießen, einen Knödel in die Mitte setzen, die Brösel darüber streuen und mit Puderzucker garnieren.

Mein Tipp:

_____

_____

_____

_____

Für die Soße:

300 g Holunderbeeren

3 mittelgroße weiche Birnen

Saft und abgeriebene Schale von ½ unbehandelten Zitrone

4 EL Zucker, ½ Zimtstange

3 Gewürznelken

20 ml Weißwein

Für die Quarkknödel:

750 g Magerquark

3 Eier, 50 g weiche Butter

1 Prise Salz

Saft und abgeriebene Schale von ½ unbehandelten Zitrone

3 EL Zucker

160 g Semmelbrösel

Für die Butterbrösel:

100 g Butter

80 g Semmelbrösel

60 g Zucker

1 TL gemahlener Zimt

Puderzucker zum Bestreuen

Gebackene Birnen mit warmer Schokoladensoße

4 große feste Birnen

Saft von 3 Zitronen

20 ml Riesling

80 g Walnusskerne

250 g bittere Blockschokolade

60 g Zucker

¼ l Crème fraîche

2 TL Vanillinzucker

Minzeblätter zum Garnieren

1. Backofen auf 200 Grad vorheizen. Birnen waschen, schälen, halbieren, Kerngehäuse entfernen. Sofort mit etwas von dem Zitronensaft beträufeln. Birnenhälften mit der Schnittfläche nach unten in eine nicht zu große Backform geben. Restlichen Zitronensaft, Riesling und etwas heißes Wasser zugießen, bis die Flüssigkeit etwa ½ Zentimeter hoch steht. Etwa 15 Minuten garen, bis die Birnen weich sind, aber nicht zerfallen. Mit einem Schaumlöffel herausnehmen, abtropfen lassen und beiseite stellen.

2. Walnüsse in einer Pfanne trocken rösten. Abkühlen lassen und grob hacken. Blockschokolade in kleine Stücke brechen. Schokolade, Zucker und Crème fraîche im Wasserbad schmelzen. Bei mittlerer Hitze ständig rühren, bis die Soße dick ist und der Zucker sich vollständig aufgelöst hat. Vanillinzucker einrühren. Warm stellen.

3. Je 2 Birnenhälften auf einem Dessertteller anrichten und löffelweise die Soße darüber geben. Mit Walnüssen bestreuen und mit Minzeblättern garnieren.

Wenn die Birnen heiß serviert werden sollen, können Sie diese vorbacken und vor dem Servieren nochmals erhitzen.

Mein Tipp:

Zwetschgenpavesen

1. Zwetschgenmus mit Rum und Zimt verrühren. Die Hälfte der Brotscheiben damit bestreichen, die andere Hälfte als Deckel auflegen.

2. Milch mit Eiern verquirlen, Brotscheiben darin tränken, in Semmelbrösel wenden und knusprig ausbacken.

Das Weißbrot soll nicht zu frisch sein, da es sich sonst schlecht schneiden und streichen lässt. Am besten schmecken die Pavesen mit selbst gemachtem Mus, das man auf Vorrat herstellen kann.

Mein Tipp:

250 g Zwetschgenmus

1 EL Rum

1 Msp. gemahlener Zimt

16 dünne Scheiben Stangenweißbrot

150 ml Milch

2 Eier

30 g Semmelbrösel

Butterschmalz zum Ausbacken

Zwetschgenmus aus dem Backofen

1. Zwetschgen entsteinen, klein schneiden, mit wenig Zucker (je nach Süße der Früchte) und Gewürzen mischen und bei 150 Grad im Backofen 2 Stunden backen, bis die Fruchtmasse dick wird. Dabei ab und zu umrühren.

2. Mus in sterilisierte Gläser füllen und sofort verschließen. Kühl und dunkel aufbewahrt ist das Mus etwa ein halbes Jahr haltbar.

Mein Tipp:

2 kg Zwetschgen

100–300 g Zucker nach Belieben

Gewürze wie Anis, Zimt, Gewürznelken

Birnen-Minz-Sorbet

4 reife aromatische Birnen

7 EL Zitronensaft

¼ l Wasser

100 ml Riesling

120 g Zucker

2 Gewürznelken

3 TL gehackte Minze

50 ml trockener Sekt

1. Birnen waschen, schälen, vierteln, Kerngehäuse entfernen und würfeln. Sofort mit etwa 1 Esslöffel Zitronensaft beträufeln.

2. Wasser, Riesling, restlichen Zitronensaft, Zucker und Gewürznelken in einem Topf zum Kochen bringen. Flüssigkeit reduzieren, bis eine sirupartige Konsistenz entsteht. Birnen zugeben und etwa 8–10 Minuten köcheln. Abkühlen lassen. Mischung zusammen mit der Minze fein pürieren. In ein Gefäß füllen und mindestens 8 Stunden im Tiefkühlfach gefrieren lassen. Dabei gelegentlich mit dem Schneebesen gut durchrühren.

3. Etwa 5–6 Minuten vor dem Servieren aus dem Tiefkühlfach nehmen und kurz im Mixer durchmischen. In Gläser füllen, mit Sekt aufgießen und mit der Minze garnieren.

Mein Tipp:

Gefüllte Bratäpfel

4 große säuerliche Äpfel

2 EL Preiselbeermarmelade

1 EL flüssige Butter

⅛ l trockener Weißwein

½ Zimtstange

Streifen von unbehandelter Orangen- und Zitronenschale

1 Gewürznelke

4 Kiwis

4 EL trockener Weißwein

1 Prise gemahlener Zimt

25 g Mandelblättchen zum Bestreuen

1. Äpfel waschen, Kerngehäuse mit einem Ausstecher entfernen, das frei gewordene Kernhaus mit Preiselbeermarmelade füllen. Backofen auf 180 Grad vorheizen.

2. Auflaufform einfetten und Äpfel hineinsetzen. Weißwein zugießen, Zimtstange, Orangen- und Zitronenschale sowie Gewürznelke zugeben. Im vorgeheizten Backofen etwa 10–15 Minuten garen.

3. Für die Soße Kiwis schälen, mit Weißwein und Zimt pürieren. Mandelblättchen in einer Pfanne rösten. Die Soße auf 4 tiefe Teller verteilen, Bratäpfel in die Soße setzen und mit den Mandelblättchen bestreuen.

Mein Tipp:

Apfelreis mit Himbeersoße

1. 6 Auflaufförmchen mit flüssiger Butter auspinseln und mit etwas Zucker ausstreuen. Backofen auf 130 Grad vorheizen.

2. Äpfel waschen, schälen, vierteln, Kerngehäuse entfernen und Äpfel in feine Spalten schneiden. Butter mit der Hälfte des Zuckers und Puderzucker in einer Pfanne zerlassen, Apfelspalten darin goldgelb karamellisieren lassen.

3. Apfelspalten fächerförmig auf den Boden der Auflaufförmchen geben. Restliche Äpfel beiseite stellen.

4. Reis kurz blanchieren, abtropfen lassen. Milch, Vanillinzucker und Salz aufkochen, Milchreis einrühren. Zugedeckt in den Backofen geben und mindestens 1 Stunde ausquellen lassen.

5. Die übrig gebliebenen Apfelspalten fein würfeln. Gelatine in kaltem Wasser einweichen, gut ausdrücken und mit den Apfelstücken unter die heiße Reismasse heben. Abkühlen lassen.

6. Eigelb mit restlichem Zucker schaumig schlagen und unter die Reismasse geben. Sahne steif schlagen und ebenfalls gleichmäßig unterheben.

7. Die Reismasse in die vorbereiteten Förmchen geben und etwa 1 Stunde in den Kühlschrank geben.

8. Inzwischen die Himbeeren verlesen. Beeren durch ein Sieb streichen, mit Zucker je nach Geschmack mischen und 30 Minuten ziehen lassen.

9. Mit der Soße einen Spiegel auf Dessertteller gießen. Kurz vor dem Servieren die Förmchen in heißes Wasser tauchen und den Reis auf den Spiegel stürzen. Mit Minze garniert servieren.

Mein Tipp:

_____

_____

_____

_____

(für 6 Personen)

2 EL flüssige Butter und Zucker für die Förmchen

4 säuerliche Äpfel

30 g Butter

1 EL Puderzucker

50 g Zucker

45 g Milchreis

etwa ¼ l Milch

2 EL Vanillinzucker

1 Prise Salz

3 Blatt weiße Gelatine

1 Eigelb

⅛ l Sahne

500 g reife Himbeeren

Zucker nach Geschmack

Minzeblätter zum Garnieren

Topfensoufflé mit Ingwerbirnen

(für 6 Personen)

200 g Magerquark

4 reife feste Birnen

1 kleines Stück Ingwerwurzel

30 g Butter

1 EL Puderzucker

abgeriebene Schale von
2 unbehandelten Zitronen

1 Gewürznelke

⅛ l Birnensaft

2 EL flüssige Butter und
Zucker für die Förmchen

Zucker zum Ausstreuen
der Förmchen

3 Eier

1 EL Vanillinzucker

1 Prise Salz

60 g Zucker

Minzeblätter zum Garnieren

1. Magerquark in ein Sieb geben und abtropfen lassen. Birnen waschen, schälen, vierteln, Kerngehäuse entfernen und in feine Spalten schneiden. Ingwer schälen und sehr fein würfeln.

2. Butter mit Puderzucker in einer Pfanne zerlassen, Birnenspalten und Ingwer zugeben und etwa 2 Minuten dünsten. Zitronenschale von 1 Zitrone, Gewürznelke und Birnensaft zugeben und weitere 3 Minuten dünsten. Abkühlen lassen.

3. 6 Auflaufförmchen mit der flüssigen Butter auspinseln und mit etwas Zucker ausstreuen. Backofen auf 250 Grad vorheizen.

4. Eier trennen. Magerquark in eine Schüssel geben. Eigelb, Vanillinzucker und restliche Zitronenschale zugeben und alles glatt verrühren.

5. Eiweiß mit Salz sehr steif schlagen, den Zucker langsam einrieseln lassen. Eischnee vorsichtig mit dem Schneebesen unter die Quarkmasse heben. Masse in die vorbereiteten Förmchen füllen.

6. Förmchen auf ein tiefes Backblech setzen und heißes Wasser angießen. Auf der unteren Schiene etwa 20 Minuten garen lassen.

7. Ingwerbirnen fächerförmig auf 6 Teller anrichten und mit dem Sud beträufeln. Topfensoufflé aus dem Backofen nehmen, kurz stehen lassen. Vorsichtig aus den Förmchen nehmen und auf die Ingwerbirnen stürzen. Mit dem Minzeblättchen garnieren und sofort servieren.

Mein Tipp:

Birnenstrudel mit Zwetschgenkompott

1. Für den Teig Mehl, Öl, Salz, Ei und lauwarmes Wasser mischen und mit den Knethaken des Handrührgerätes zu einem glatten elastischen Teig verarbeiten. Teig zu einer Kugel formen und mit flüssiger Butter bestreichen. Bei Zimmertemperatur etwa 2 Stunden ruhen lassen.

2. Für die Füllung Birnen schälen, vierteln, Kerngehäuse entfernen und Birnen in feine Scheiben schneiden. Zitronenschale, Gewürznelke und Birnensaft in einem Topf aufkochen, Birnen zugeben und bei schwacher Hitze etwa 5 Minuten dünsten. Aus dem Fond nehmen und gut abtropfen lassen. Backofen auf 160 Grad vorheizen.

3. Den Teig nach der Ruhezeit auf einem bemehlten Tuch möglichst dünn ausrollen. Den hauchdünn ausgezogenen Strudelteig mit flüssiger Butter bestreichen, mit den geriebenen Mandeln bestreuen und die Birnen auf den Teig geben. Dabei einen 5 Zentimeter breiten Rand freilassen. Die Birnen mit der Zimt-Zucker-Mischung bestreuen.

4. Den Strudel mit Hilfe des Tuches aufrollen, in eine gebutterte ofenfeste Form geben und im Backofen etwa 30 Minuten backen. Dabei immer wieder mit flüssiger Butter bestreichen.

5. Für das Kompott Zwetschgen waschen, halbieren, entkernen und in Streifen schneiden. Zucker, Rotwein, 2–3 Esslöffel Wasser, Zimtstange, Nelke, Zitronensaft und -schale in einen Topf geben und aufkochen lassen. Zwetschgenspalten in den Fond geben und zugedeckt ziehen lassen.

6. Den Strudel portionieren und mit dem Zwetschgenkompott auf Dessertteller anrichten. Mit Minzeblättern garnieren.

Ausgezeichnet schmeckt auch Orangeneis zum Birnenstrudel.

Mein Tipp:

_____

_____

_____

_____

Für den Strudelteig:

180 g Mehl

1 EL Öl

1 Prise Salz

1 Ei

etwa 60 ml Wasser

etwa 5 EL flüssige Butter

Für die Füllung:

4 reife Birnen

abgeriebene Schale von 1 unbehandelten Zitrone

1 Gewürznelke

⅛ l Birnensaft

50 g fein geriebene Mandeln

3 EL Zimt-Zucker-Mischung

Für das Zwetschgenkompott:

400 g Zwetschgen

3–4 EL Zucker

10 ml Rotwein

1 Zimtstange

1 Gewürznelke

Saft und abgeriebene Schale von ½ unbehandelten Zitrone

Minzeblätter zum Garnieren

Ziegenkäse auf Birnenscheiben

170 g Zucker

150 ml Wasser

3 feste Birnen

2 EL Weißweinessig

2 EL Essig

Salz

Pfeffer

Zucker

2 EL Nussöl

300 g Ziegenfrischkäse-Rolle

2 EL Zitronensaft

1. Am Vortag Birnen-Chips zubereiten und Ziegenkäse marinieren. Ofen auf 120 Grad vorheizen, Blech mit Backpapier auslegen. Zucker mit Wasser sirupartig einkochen. 1 Birne waschen, längs in dünne Scheiben hobeln und im Sirup 2–3 Minuten ziehen lassen. Scheiben auf das Blech legen und im Ofen 1½ Stunden trocknen. Abkühlen lassen und in einer Blechdose aufbewahren.

2. Für den Ziegenkäse Essig, Wein, Salz, Pfeffer und Zucker verrühren. Öl mit einem Schneebesen kräftig unterschlagen. Käse in dünne Scheiben schneiden und mit der Vinaigrette beträufeln. Abgedeckt über Nacht kühl stellen.

3. Zum Servieren 2 Birnen waschen, schälen, mit dem Ausstecher Kerngehäuse entfernen. Birnen längs in hauchdünne Scheiben hobeln. Sofort mit Zitronensaft beträufeln. Die Scheiben fächerförmig auf Dessertteller anrichten, den Ziegenkäse darauf verteilen und mit der Vinaigrette beträufeln. Die Birnenchips darauf anrichten.

Mein Tipp:

Pochierte Birnen mit Honigsud und Krokant

1. Aus Zitronensaft und -schale, Wein, Wasser, Honig, Mark der Vanilleschote, Zimtstange und Gewürznelke einen Sud zubereiten und schwach aufkochen lassen.

2. Birnen waschen, schälen, halbieren und vorsichtig das Kerngehäuse entfernen. Birnenhälften in den Sud geben und darin etwa 10 Minuten gar ziehen lassen.

3. Birnen mit einem Schaumlöffel aus dem Topf heben, auf einem Gitter abtropfen und abkühlen lassen.

4. Flüssigkeit in einen großen Topf gießen und kochen, bis ein dicker Sud entsteht.

5. Butter in einer Pfanne zerlassen, Mandeln darin bräunen und beiseite stellen. In einer weiteren Pfanne Zucker karamellisieren lassen und die gebräunten Mandeln zugeben. Die heiße Masse auf eine Aluminiumfolie streichen, abkühlen lassen und zerstoßen.

6. Die Birnen auf 4 Teller anrichten, Sirup darüber gießen und mit dem Mandelkrokant bestreuen.

Zutaten
Saft und abgeriebene Schale von 1 unbehandelten Zitrone
½ l Rotwein
100 ml Wasser
6 EL Honig
½ Vanilleschote
1 Zimtstange
6 Gewürznelken
4 feste Birnen
100 g gemahlene Mandeln
30 g Butter
100 g Zucker

Mein Tipp: _____

_____

_____

_____

Birnen an Rotweinsoße mit Zimtparfait

Für Birnen und Soße:

Saft von 1 Zitrone

3 EL Honig

4 Birnen

300 ml trockener Rotwein

100 ml Birnendicksaft

1 Zimtstange

200 g Zucker

300 g Kastanien

Für das Zimtparfait:

¼ l Sahne

2 Eier

4 EL Puderzucker

3 TL gemahlener Zimt

1 TL Kakao

Orangenzesten

Minzeblätter zum Garnieren

1. ⅛ Liter Wasser, Zitronensaft und Honig aufkochen. Birnen waschen, längs halbieren, Kerngehäuse vorsichtig entfernen. Birnen so in Streifen schneiden, dass sie am Stängelende noch zusammenhalten. Birnen in den Sud legen und 2–3 Minuten darin ziehen lassen. Vorsichtig herausheben und abtropfen lassen.

2. Rotwein und Birnendicksaft mit der Zimtstange aufkochen. Zucker bei mittlerer Hitze karamellisieren und mit dem heißen Rotwein-Birnendicksaft ablöschen. Zugedeckt köcheln lassen, bis sich der Zucker aufgelöst hat. Kastanien zugeben und in etwa 15 Minuten garen. Kastanien abgießen, dabei den Fond auffangen. Fond etwa auf zwei Drittel einkochen lassen. Kastanien wieder in den Fond geben und zugedeckt erkalten lassen.

3. Für das Zimtparfait Förmchen im Tiefkühlfach vorkühlen. Eier mit Puderzucker cremig schlagen, Zimt und Kakao unterrühren. Steif geschlagene Sahne vorsichtig unterziehen. Orangenzesten darunter rühren. Zum Einfrieren in die vorgekühlten Förmchen füllen und gefrieren lassen.

4. Zimtparfait etwa 5 Minuten vor dem Servieren aus dem Tiefkühlfach nehmen. Je 2 Birnenhälften leicht aufgeblättert auf einem Teller dekorativ anrichten. Kastanien und Rotweinsoße zugeben. Das Zimtparfait darauf stürzen. Mit Minzeblättern garnieren.

Mein Tipp:

Clafoutis mit Pflaumen und Birnen

1. Pflaumen mit Armagnac beträufeln und über Nacht zugedeckt ziehen lassen.

2. Birnen waschen, schälen, vierteln, Kerngehäuse entfernen und Birnen in feine Spalten schneiden. Sofort mit Zitronensaft beträufeln. Backofen auf 180 Grad vorheizen. Gratin-Form mit flüssiger Butter auspinseln.

3. Eier mit Zucker und Salz cremig schlagen. Nach und nach Mehl, Butter und Milch zugeben. Dabei die Masse ununterbrochen kräftig schlagen.

4. Den Boden der Gratin-Form gleichmäßig mit Birnenspalten belegen. Armagnac-Pflaumen auf den Früchten verteilen und den Teig darüber gießen. Die Form etwas rütteln, damit sich der Teig zwischen den Früchten verteilt. Etwa 60 Minuten backen. Nach 20 Minuten Backzeit die Hitze auf 150 Grad reduzieren. Clafoutis lauwarm servieren.

Mein Tipp:

_____

_____

_____

_____

(für 1 Gratin-Form, Ø 26 cm)

24 Backpflaumen mit Stein

1 Glas Armagnac

250 g reife Birnen

2 EL Zitronensaft

4 Eier

130 g Zucker

1 Prise Salz

80 g Mehl

60 g flüssige Butter

¼ l Milch

flüssige Butter für die Form

Pflaumen in Rotwein mit Walnusseis

Für die Pflaumen:

500 Trockenpflaumen

1 Zimtstange

3 Gewürznelken

½ l Rotwein

100 g brauner Rohrzucker

1 Vanilleschote

Für das Walnusseis:

100 g Walnusskerne

¼ l Milch

¼ l Sahne

80 g Zucker

3 Eigelb

2 Eier

Minzeblätter zum Garnieren

1. Am Vortag Pflaumen mit Zimtstange und Gewürznelken im Wein einweichen. Nach 3 Stunden die Pflaumen abgießen, den Wein in einem Topf auffangen.

2. Zucker und Vanilleschote in den Wein geben, aufkochen lassen und 25 Minuten köcheln lassen. Pflaumen zugeben und weitere 10 Minuten köcheln. Mit dem Schaumlöffel die Pflaumen herausholen und den Sud eindicken. Sud durch ein Sieb über die Pflaumen gießen, kühl stellen und einen Tag ziehen lassen.

3. Für das Walnusseis Walnusskerne trocken in einer Pfanne rösten und mit den Händen die braunen Häutchen abreiben. Grob hacken.

4. Milch und Sahne mit der Hälfte des Zuckers aufkochen. Für das Wasserbad in einem weiten Topf etwa 2 Zentimeter Wasser erhitzen. Eine Schüssel so in den Topf hängen, dass die Wasserfläche nicht berührt wird. Eigelb, Eier und den restlichen Zucker in die Schüssel geben und verrühren. Die heiße Sahnemilch zugießen und die Masse auf dem leicht siedenden Wasserbad mit dem Schneebesen so lange schlagen, bis eine dickliche Masse entsteht.

5. Unter gelegentlichem Rühren abkühlen lassen und zum Gefrieren in die Eismaschine geben. Kurz bevor die Masse erstarrt, die grob gehackten Walnusskerne untermischen. Pflaumensud auf Dessertteller gießen, Pflaumen und Eis dekorativ darauf anrichten. Mit Minzeblättchen garnieren.

Mein Tipp:

Zwetschgenquark

1. Zwetschgen waschen, halbieren, entsteinen und in Streifen schneiden. In einer Schüssel mit dem Rohrzucker vermischen. Sonnenblumen- und Walnusskerne grob hacken und in einer Pfanne trocken rösten. Abkühlen lassen.

2. Quark mit Joghurt, Zitronensaft, Ahornsirup und Honig glatt rühren. Sahne steif schlagen und abwechselnd mit den Zwetschgenstückchen unter die Quarkmasse heben. Quark auf Teller verteilen und mit den Nüssen bestreuen.

Mein Tipp:

600 g reife Zwetschgen
60 g Rohrzucker
60 g Sonnenblumenkerne
50 g Walnusskerne
1 TL Sonnenblumenöl
250 g Magerquark
150 g Joghurt
Saft von ½ Zitrone
1 EL Ahornsirup
1 TL Honig
⅛ l Sahne

Birnen auf Joghurt

1. Trauben- und Brombeersaft, Sherry und Nelken in einen großen Topf geben. Zum Kochen bringen.

2. Birnen waschen, schälen, Kerngehäuse mit einem Ausstecher entfernen, nicht aber den Stiel. Birnen in den Sud geben und zugedeckt etwa 30–40 Minuten köcheln. Topf vom Herd nehmen und Birnen im Sud abkühlen lassen. Birnen mit dem Schaumlöffel vorsichtig aus dem Topf nehmen und über Nacht kühl stellen.

3. Sud aufkochen und etwa auf die Hälfte reduzieren. Weintrauben waschen, abtropfen lassen. Joghurt mit Zimt und Honig gut mischen.

4. Mit dem Sud einen Spiegel auf Dessertteller gießen und je eine Birne in der Mitte anrichten. Joghurt mit einem Löffel über die Birnen verteilen und die Weintrauben dazu reichen.

Mein Tipp:

400 ml dunkler Traubensaft
400 ml Brombeersaft
2 EL süßer Sherry
3 Gewürznelken
4 feste Birnen
800 g dunkle Weintrauben
250 g fettarmer Naturjoghurt
1 Msp. gemahlener Zimt
1 EL Honig

Birnen-Apfel-Obstsalat

200 g getrocknete Feigen

150 ml naturtrüber Apfelsaft

Saft und abgeriebene Schale von 1 unbehandelten Zitrone

2 säuerliche Äpfel

2 feste reife Birnen

80 g Walnusskerne

150 g Crème fraîche

1 EL Ahornsirup

1 Msp. gemahlener Zimt

Mark von ½ Vanilleschote

Minzeblätter zum Garnieren

1. Feigen mit Apfelsaft übergießen und zugedeckt über Nacht quellen lassen. Am nächsten Tag Feigen abgießen und abtropfen lassen. Flüssigkeit auffangen. Zitronensaft und -schale in die Flüssigkeit geben. Feigen in feine Streifen schneiden.

2. Äpfel und Birnen waschen, vierteln, Kerngehäuse entfernen und beides in feine Spalten schneiden, sofort mit der Flüssigkeit übergießen. Walnüsse grob hacken und mit den Feigen unter den Salat heben.

3. Obstsalat abseihen, den Sirup auffangen. Crème fraîche mit Sirup, Zimt und Vanillemark verrühren. Obstsalat auf Portionsteller anrichten und Crème-fraîche-Mischung löffelweise über den Obstsalat geben. Mit Minzeblättern garnieren und sofort servieren.

Mein Tipp:

Überbackenes Apfelmus

1 kg säuerliche Äpfel

220 g Zucker

2 EL Zitronensaft

½ Zimtstange

etwa 100 ml Wasser

80 g Walnusskerne

4 Eigelb

160 g Zucker

4 Eiweiß

1. Äpfel waschen, schälen, vierteln, Kerngehäuse entfernen und Äpfel in Stücke schneiden. Mit Zucker, Zitronensaft, Zimtstange und Wasser zu Apfelmus kochen. Backofen auf 190 Grad vorheizen.

2. Walnusskerne grob hacken und in einer Pfanne trocken rösten. Abkühlen lassen. Eigelb mit der Hälfte des Zuckers schaumig rühren. Geröstete Walnusskerne unter die Eigelbmasse rühren. Eiweiß mit dem restlichen Zucker sehr steif schlagen und vorsichtig unter die Eigelbmasse heben. Apfelmus in eine feuerfeste Form geben, mit der Eischneemasse bestreichen und im Backofen überbacken.

Mein Tipp:

Pfannkuchen mit Apfelsorbet

1. Für das Sorbet Zimt, Zucker, Apfelsaft und Riesling in einen Topf geben und aufkochen lassen. Sirup durch ein Sieb gießen und abkühlen lassen. Äpfel waschen, vierteln, Kerngehäuse entfernen und sofort mit Zitronensaft beträufeln. Äpfel im Mixer fein pürieren und mit dem abgekühlten Sirup mischen. Sorbetmischung in ein Gefäß füllen und im Tiefkühlfach gefrieren lassen. Dabei gelegentlich mit dem Schneebesen gut durchrühren.

2. Mehl, Eier, Zucker und Salz mit Milch und Sahne verrühren. Die flüssige Butter unterrühren. Etwa 30 Minuten quellen lassen.

3. Für die Soße Zitronensaft erhitzen und die Butter darin zerlassen. Mandelblättchen in einer Pfanne trocken rösten. Äpfel waschen, schälen, vierteln, Kerngehäuse entfernen und Äpfel in feine Spalten schneiden. Mit Rosinen und Mandelblättchen in die Zitronenbutter geben und andünsten. Mit Calvados ablöschen und abkühlen lassen.

4. In einem Topf Zucker in der Butter zerlassen, bis er hellbraun ist. Sofort mit Marsala ablöschen.

5. Öl in einer beschichteten Pfanne erhitzen und aus dem Teig 8 dünne Pfannkuchen backen. Die Pfannkuchen bis zur Hälfte mit den angedünsteten Apfelscheiben belegen und falten. Auf Desserttellern anrichten und Soße darüber gießen. Aus dem Apfelsorbet mit dem Löffel kleine Nockerln stechen und zu den Pfannkuchen geben. Mit Minzeblättern garnieren und servieren.

Statt des Apfelsorbets können Sie die Pfannkuchen auch mit Zitronenjoghurt servieren.

Mein Tipp:

_____

_____

_____

_____

Für das Sorbet:

½ Zimtstange

110 g Zucker

⅛ l naturtrüber Apfelsaft

⅛ l Riesling

500 g säuerliche Äpfel

Saft von 1 Zitrone

Für den Teig:

90 g Mehl, 2 Eier

20 g Zucker, 1 Prise Salz

je 100 ml Milch und Sahne

25 g flüssige Butter

Für die Soße:

Saft von 1 Zitrone

30 g Butter

1 EL Mandelblättchen

500 g Äpfel

1 EL Rosinen

30 ml Calvados

1 TL Zucker, etwas Butter

30 ml Marsala

Außerdem:

Öl zum Ausbacken

Minzeblättchen zum Garnieren

Apfelküchlein mit Kakao-Orangen-Eis

Für die Apfelküchlein:

3 Eigelb

⅛ l helles Bier

130 g Mehl

1 Prise Salz

Mark von ½ Vanilleschote

3 TL Zucker

3 Eiweiß

2 EL flüssige Butter

3 große säuerliche Äpfel

Fett zum Ausbacken

2 EL Zimt-Zucker-Mischung

Für das Eis:

60 g Orangeat

5 cl Orangenlikör

¾ l Milch

180 g Zucker

Mark von 1 Vanilleschote

60 g Kakaopulver

2 EL Öl

¼ l Sahne

7 Eier

Minzeblättchen zum Garnieren

1. Eigelb mit Bier verquirlen und nach und nach Mehl, Salz, Vanillemark und 2 Teelöffel Zucker zugeben. Eiweiß steif schlagen und den restlichen Zucker einrieseln lassen. Eischnee und flüssige Butter vorsichtig unter den Teig heben.

2. Äpfel waschen, schälen und mit einem Ausstecher das Kerngehäuse entfernen. Äpfel in etwa 1 Zentimeter dicke Scheiben schneiden.

3. Ausbackfett in einer tiefen Pfanne auf 180 Grad erhitzen. Apfelscheiben erst in Mehl wenden, dann in den Teig tauchen und im heißen Fett goldbraun backen. Mit dem Schaumlöffel herausheben, auf Küchenpapier abtropfen lassen und noch heiß in der Zimt-Zucker-Mischung wenden.

4. Für das Eis Orangeat fein hacken und mit dem Orangenlikör übergießen. Milch, Zucker, Mark der Vanilleschote zugeben und aufkochen. Vanilleschote aus der Milch nehmen.

5. Für das Wasserbad in einem weiten Topf etwa 2 Zentimeter Wasser erhitzen. Eine Schüssel so in den Topf hängen, dass die Wasserfläche nicht berührt wird. Kakaopulver mit Öl, Sahne und Eiern in die Schüssel geben und mit dem Schneebesen kräftig verrühren. Die heiße Milch langsam zugießen und die Masse auf dem leicht siedenden Wasserbad mit dem Schneebesen so lange schlagen, bis eine dickliche Masse entsteht.

6. Unter gelegentlichem Rühren abkühlen lassen und zum Gefrieren in die Eismaschine geben. Kurz bevor die Masse erstarrt, das Orangeat untermischen. Apfelküchlein auf Dessertteller mit dem Eis anrichten. Mit Minzeblättchen garnieren.

Mein Tipp:

Birne mit Kastanienmus

1. Schokolade fein hacken. Sahne steif schlagen. Mascarpone mit Kastanienpüree, Likör und Vanillemark glatt verrühren. Zerbröckelte Schokolade und geschlagene Sahne vorsichtig unterheben. Im Kühlschrank 2 Stunden kühl stellen.

2. Birnen waschen, schälen, halbieren, Kerngehäuse entfernen. Sofort mit Zitronensaft beträufeln. Apfelsaft mit Zimtstange, Nelken, aufgeritzter Vanilleschote und Zucker aufkochen. Birnenhälften hineinlegen und bei schwacher Hitze etwa 30 Minuten ziehen lassen. Mit dem Schaumlöffel Birnen vorsichtig herausnehmen und beiseite stellen. Sud auf die Hälfte der Flüssigkeit einkochen lassen, mit Puddingpulver binden und Zitronensaft abschmecken. Abkühlen lassen und etwas Birnengeist zugeben.

3. Mit dem Sud einen Spiegel auf die Dessertteller gießen, und je eine Birnenhälfte in der Mitte anrichten. Von dem Mus mit einem Eisportionierer Kugeln abstechen und auf die Birnen setzen. Mit Schokoladenspänen garnieren.

Das Mus können Sie auch vorbereiten und tiefgefrieren. Zu diesem Dessert passt ein leichter fruchtiger Rotwein.

Mein Tipp: _____

_____

_____

_____

100 g Zartbitter-Schokolade
¼ l Sahne
150 g Mascarpone
200 gesüßtes Kastanienpüree
1 EL Kirschlikör
½ Vanilleschote
4 große reife Birnen
½ l naturtrüber Apfelsaft
1 Zimtstange
2 Gewürznelken
½ Vanilleschote
90 g Zucker
10 g Puddingpulver
2 EL Zitronensaft
1 Schuss Birnengeist
2 EL Schokoladenspäne zum Garnieren

111

Quarkklößchen mit Zwetschgenkompott

Für das Kompott:

500 g Zwetschgen

40 ml trockener Rotwein

1 EL Rohrzucker

1 Zimtstange

2 Gewürznelken

Für die Klößchen:

400 g Quark

1 EL Crème fraîche

1 EL Rosinen
1 Ei

1 Prise Salz

Mark von ½ Vanilleschote

2 EL Mehl

1 EL Zitronensaft

abgeriebene Schale von
1 unbehandelten Zitrone

1. Für die Klößchen Quark in ein Sieb geben und abtropfen lassen.

2. Für das Kompott Zwetschgen waschen, halbieren, entsteinen. Rotwein, Zucker, Zimtstange und Nelken zum Kochen bringen. Zwetschgen zugeben und bei schwacher Hitze in etwa 5 Minuten gar köcheln. Abkühlen lassen.

3. Für die Klößchen Quark in eine Schüssel geben, Crème fraîche, Rosinen, Ei, Salz und Vanillemark unterrühren. Mit Mehl, Zitronensaft und -schale mischen. Die Masse etwa 20 Minuten kühl stellen.

4. In einem großen Topf Salzwasser zum Kochen bringen. Aus der Quarkmasse mit dem Eisportionierer 12 kleine Klöße abstechen. In das kochende Salzwasser geben und in etwa 10 Minuten gar ziehen lassen.

5. Quarkklößchen mit dem Schaumlöffel aus dem Wasser heben, abtropfen lassen und mit dem Kompott auf Dessertteller anrichten.

Mein Tipp:

Apfel im Schlafrock mit Birnencreme

1. Quark abtropfen lassen. Mehl, Butter und Quark in einer Schüssel leicht verkneten. Teig 30 Minuten kühl ruhen lassen.

2. Äpfel waschen, schälen, mit dem Ausstecher Kerngehäuse entfernen. Sofort mit Zitronensaft beträufeln. Aus ½ Liter Wasser, Zimtstange, Nelken und Zitronenschale einen Sud herstellen und Äpfel darin behutsam halb weich dünsten.

3. Äpfel mit einem Schaumlöffel aus dem Topf heben, auf einem Gitter abtropfen und abkühlen lassen. Ofen auf 180 Grad vorheizen.

4. Teig 2–3 Millimeter dick ausrollen, große Quadrate von 16 Zentimeter Seitenlänge ausschneiden. Aus dem restlichen Teig zum Garnieren Blätter ausschneiden.

5. In die Mitte eines Quadrates einen Apfel setzen, mit Konfitüre füllen und Kristallzucker bestreuen, Teigränder mit Eigelb bestreichen und die 4 Ecken der Quadrate über dem Apfel zusammenschlagen. Für die Verzierung die Teigblätter mit wenig Eiweiß ankleben. Teigpakete mit Eigelb bestreichen.

6. Auf ein mit Backpapier ausgelegtes Backblech stellen und etwa 20 Minuten im vorgeheizten Backofen backen.

7. Sahne steif schlagen und mit dem Birnendicksaft vermengen. Die Äpfel im Schlafrock heiß auf Dessertteller anrichten und mit der Creme servieren.

Mein Tipp:

Zutaten
125 g Quark
125 g Mehl
125 g Butter
5 kleine Äpfel
Saft von 1 Zitrone
1 Zimtstange
2 Gewürznelken
abgeriebene Schale von ½ unbehandelten Zitrone
50 g rote Johannisbeerkonfitüre
20 g brauner Kristallzucker
1 Eigelb zum Bestreichen
1 Eiweiß
200 ml Sahne
3 EL Birnendicksaft

Gefüllte Zwetschgen im Teigmantel

Für die gefüllten Zwetschgen:

800 g Zwetschgen

80 g Marzipan

20 g geriebene Mandeln

1 EL Zwetschgenwasser

2 TL gehackte Pistazien

Für die Soße:

400 g Zwetschgen

80 g Zucker

1 EL Zwetschgenwasser

Für den Teig:

220 g Mehl

2 EL Öl

1 Prise Salz

etwa 80 ml Wasser

1 Ei

Außerdem:

Öl zum Ausbacken

2 EL flüssige Butter

2 EL Zimt-Zucker-Mischung

1. Zwetschgen waschen, zur Hälfte aufschneiden und entsteinen.

2. Für die Füllung alle Zutaten miteinander vermengen. Vorbereitete Zwetschgen damit füllen und leicht zusammendrücken. Backofen auf 150 Grad vorheizen.

3. Für die Soße Zwetschgen waschen und entsteinen. Mit Zucker in einen Schmortopf geben und im Backofen kochen lassen, bis ein Mus entsteht. Durch ein Sieb streichen und mit Zwetschgenwasser abschmecken.

4. Für den Teig Mehl, Öl, Salz, lauwarmes Wasser und Ei mischen und zu einem geschmeidigen Teig verkneten. Teig zu einer Kugel formen und mit flüssiger Butter bestreichen. Bei Zimmertemperatur etwa 30 Minuten ruhen lassen.

5. Teig auf einem bemehlten Tuch möglichst dünn ausrollen. Den hauchdünn ausgezogenen Strudelteig mit flüssiger Butter bestreichen und in Quadrate schneiden. Zwetschgen mit dem Teig einzeln umhüllen, dann die Enden fest zusammendrücken.

6. Ausbackfett auf 180 Grad erhitzen und Zwetschgen portionsweise darin ausbacken. Mit dem Schaumlöffel aus dem Fett nehmen und auf Küchenpapier abtropfen lassen.

7. Zwetschgensoße auf Dessertteller verteilen, die Zwetschgen darauf setzen und mit der Zimt-Zucker-Mischung bestreuen.

Mein Tipp:

Dörrapfelterrine mit Holunderkompott

1. Most mit Lindenblüten aufkochen. Dörräpfel in eine Schüssel geben und den heißen Most durch ein Sieb zu den Äpfeln gießen. Etwa 3 Stunden ziehen lassen. Äpfel im Most aufkochen und 20 Minuten köcheln. Agar-Agar mit wenig Wasser anrühren und 2 Minuten vor Ende der Garzeit unter die Äpfel mischen.

2. Form einfetten und die Apfelmasse einschichten. Terrine mindestens einen halben Tag im Kühlschrank kühlen lassen.

3. Für das Kompott Holunderbeeren waschen und abtropfen lassen. Apfel waschen, schälen, vierteln, Kerngehäuse entfernen und klein würfeln. Agar-Agar mit wenig Wasser anrühren. Alles zusammen mit dem Most aufkochen lassen und 2–3 Minuten köcheln. Abkühlen lassen.

4. Dörrapfelterrine portionieren und mit dem Kompott auf Desserttellern anrichten.

Mein Tipp: _____

_____

_____

_____

(für 1 Form, Ø 18 cm)

Für die Terrine:

½ l Most

10 Lindenblüten

100 g Dörrapfelschnitze

2 g Agar-Agar-Pulver
(ersatzweise Gelatine)

1 EL flüssige Butter

Für das Kompott:

300 g Holunderbeeren

1 säuerlicher Apfel

100 ml Most

1 g Agar-Agar-Pulver

Geschichtete Bratäpfel

Für die Bratäpfel:

80 g Rosinen

2 EL Rum

100 g weiche Butter

100 g Puderzucker

2 Eigelb

170 g gemahlene Mandeln

80 g Mehl

3 TL gemahlener Zimt

1 Prise Salz

4 säuerliche Äpfel

4 Zimtstangen

4 Scheiben Blätterteig
(tiefgekühlt)

7 EL Butter

Für die Karamellsoße:

120 g brauner Zucker

¼ l Sahne

Puderzucker zum Garnieren

1. Rosinen in Rum einweichen. Butter mit Puderzucker schaumig rühren, nach und nach Eigelb unterrühren. Mandeln, Mehl, 2 Teelöffel Zimt, Salz und Rumrosinen zugeben und gut vermengen. Masse etwa 20 Minuten kühl ruhen lassen.

2. Äpfel waschen, Unterseite glatt schneiden (um eine Standfläche zu schaffen) und mit dem Ausstecher das Kerngehäuse entfernen. Jeden Apfel in 5 gleichmäßig dicke Scheiben schneiden. Scheiben leicht mit 1 Teelöffel Zimt bestäuben. Ofen auf 180 Grad vorheizen. Blätterteig auftauen.

3. Mandelcreme in einen Spritzbeutel mit Lochtülle füllen. Auf jede Apfelscheibe, außer auf die obere, etwas Mandelcreme spritzen. Äpfel wieder zusammenfügen und jeweils eine Zimtstange in das ausgestochene Kerngehäuse stecken.

4. Blätterteigscheiben aufeinander legen und zu einer Fläche von etwa 25 mal 25 Zentimeter ausrollen. 4 Kreise von 10 Zentimeter Durchmesser ausstechen und jeweils einen Apfel darauf setzen. Im vorgeheizten Backofen etwa 35–40 Minuten backen.

5. Für die Karamellsoße Butter mit Zucker bei mittlerer Hitze und häufigem Rühren zerlassen. Sobald der Zucker aufgelöst ist, langsam die Sahne zugießen. Dabei ständig mit dem Schneebesen schlagen. Etwa 8–9 Minuten kochen, bis die Soße eine dicke Konsistenz hat. Warm stellen. Bratäpfel mit der Karamellsoße auf Dessertteller anrichten und mit Puderzucker bestäuben.

Mein Tipp:

116

Apfeltörtchen mit Vanillesoße

1. Blätterteig auftauen. Äpfel waschen, schälen, Kerngehäuse mit einem Ausstecher entfernen. Äpfel oben und unten glatt schneiden und längs halbieren, sofort mit Zitronensaft beträufeln.

2. Butter mit Zucker bei mittlerer Hitze und häufigem Rühren in einer ofenfesten Sauteuse zerlassen. Äpfel senkrecht hineinstellen und mit dem Mineralwasser begießen. Bei schwacher Hitze etwa 10 Minuten köcheln, bis der Zucker karamellisiert. Backofen auf 250 Grad vorheizen.

3. Blätterteigscheiben aufeinander legen, ausrollen und einen Kreis von der Größe der Sauteuse ausschneiden. Blätterteig kurz ruhen lassen, dann auf die Äpfel legen und den Rand rundherum nach unten biegen. Auf der zweiten Einschubleiste von unten etwa 15 Minuten backen. Sauteuse aus dem Ofen nehmen, 5 Minuten ruhen lassen, dann vorsichtig überschüssigen Saft abgießen und auffangen. Kuchen stürzen. Törtchen etwas abkühlen lassen und mit dem Saft glasieren.

4. Für die Vanillesoße in einem weiten Topf etwa 2 Zentimeter Wasser erhitzen. Eine Schüssel so in den Topf hängen, dass die Wasserfläche nicht berührt wird. Vanillemark mit Ahornsirup, Salz, Milch und Sahne in einem Topf erhitzen, aber nicht kochen lassen. Die Vanillemilch in die Schüssel über dem Wasserbad gießen. Eigelb verquirlen und mit etwas Vanillemilch verrühren. Eigelb unter die heiße Vanillemilch rühren und auf dem leicht siedenden Wasserbad so lange schlagen, bis eine dickliche Masse entsteht.

5. Törtchen portionieren, auf Dessertteller verteilen und die warme Vanillesoße dazu reichen. Mit Minzeblättchen garnieren.

Mein Tipp:

_____

_____

_____

_____

Für die Apfeltörtchen:

4 Scheiben Blätterteig (tiefgekühlt)

4 große säuerliche Äpfel

2 EL Zitronensaft

60 g Butter

40 g Zucker

2–3 EL Mineralwasser

Für die Vanillesoße:

1 Vanilleschote

1 EL Ahornsirup

1 Prise Salz

⅛ l Milch

100 ml Sahne

2 Eigelb

Minzeblättchen zum Garnieren

Gewürzkuchen mit Zwetschgenkompott

(für 1 Springform, Ø 26 cm)

Für den Teig:

60 g gemahlene Haselnüsse

280 g Butter

280 g Zucker, 5 Eigelb

½ TL Koriander

½ TL Piment

½ TL gemahlener Zimt

½ TL geriebene Muskatnuss

5 Eiweiß

250 g Mehl

60 g geriebene Bitterschokolade

Für das Kompott:

500 g Zwetschgen

1 TL gemahlener Zimt

5 EL Zucker

Zwetschgenbrand nach Belieben

1. Haselnüsse trocken in der Pfanne rösten, abkühlen lassen. Ofen auf 175 Grad vorheizen.

2. Butter und 200 Gramm vom Zucker schaumig schlagen, Eigelb und Gewürze unterrühren. Eiweiß mit dem restlichen Zucker sehr steif schlagen. Mehl, Haselnüsse und geriebene Schokolade mischen und mit dem Schneebesen vorsichtig unter die Eigelbmasse heben. Nun das geschlagene Eiweiß unterziehen. Teig in eine gebutterte Springform geben und im vorgeheizten Bachofen 20–25 Minuten backen. In der Form etwas ruhen lassen, auf einem Kuchengitter auskühlen lassen.

3. Zwetschgen waschen und entsteinen. Zimt und Zucker mischen und über die Zwetschgen streuen. Zwetschgen 30 Minuten ziehen lassen. Die Früchte mit dem Saft und 3 Esslöffel Wasser im geschlossenen Topf köcheln. Abkühlen lasen. Nach Belieben Zwetschgenbrand hinzufügen. Zum Gewürzkuchen servieren.

Mein Tipp:

118

Apfelbrot mit Bratapfeleis

1. Rosinen in Rum einlegen.

2. Walnüsse fein reiben. Feigen, Zitronat, Orangeat klein würfeln. Äpfel waschen, vierteln, Kerngehäuse entfernen und in feine Stifte schneiden. Alles gut unter die Rumrosinen mengen. Über Nacht ziehen lassen.

3. Backofen auf 180 Grad vorheizen. Mehl mit Backpulver sieben und mit der Früchtemischung gut vermengen. 2 Brote formen und mindestens 70–90 Minuten backen. Dabei hin und wieder mit Wasser bestreichen, damit die Brote eine schöne Kruste bekommen. Abkühlen lassen. In Alufolie verpackt, einen Tag ziehen lassen.

4. Backofen auf 180 Grad vorheizen. Äpfel waschen, Kerngehäuse entfernen. Marzipan, Walnüsse und Rum gut verkneten und die Äpfel damit füllen. In eine ofenfeste Form geben.

5. Im vorgeheizten Backofen etwa 30 Minuten backen, bis die Äpfel beginnen, leicht zu zerfallen.

6. Äpfel durch ein Sieb streichen. Abkühlen lassen. Mit Weißwein und Apfelsaft vermengen. Mit Zitronensaft und Zucker abschmecken. In der Eismaschine gefrieren lassen.

7. Brot in feine Scheiben schneiden und mit dem Bratapfeleis auf Dessertteller anrichten.

Dieses Dessert passt für die Wintermonate. Das Brot kann gut vorbereitet werden, denn erst Tage nach dem Backen entwickelt sich der optimale Geschmack. In einer Blechdose aufbewahrt reichen Sie das restliche Brot zu Kaffee.

Mein Tipp:

_____

_____

_____

_____

_____

(für 2 Brote)

Für die Früchtemischung:

1½ kg Äpfel

je 300 g Walnüsse, Rosinen und Feigen

je 70 g Zitronat und Orangeat

3 TL gemahlener Zimt

1 TL gemahlene Nelken

3 EL Kakao

250 g Zucker

½ l Rum

Für die Brote:

1 kg Dinkelmehl

2 Päckchen Backpulver

Für das Eis:

etwa 750 g mürbe Äpfel

25 g Marzipan-Rohmasse

2 EL gemahlene Walnüsse

3 EL Rum

100 ml lieblicher Weißwein

150 ml naturtrüber Apfelsaft

1 TL Zitronensaft

Zucker

Birnencreme auf Preiselbeersoße

Für die Creme:

½ l Wasser

140 g Zucker

500 g reife aromatische Birnen

4 EL Zitronensaft

2 Blatt Gelatine

5 EL trockener Weißwein

5 EL trockener Sekt

etwas Birnenbrand

Für die Soße:

80 g Preiselbeeren aus dem Glas

6 EL Sahne

1 EL Johannisbeerlikör

Minzeblättchen zum Garnieren

1. Wasser und Zucker auf etwa die Hälfte einkochen. Birnen waschen, schälen, halbieren, Kerngehäuse entfernen. Sofort mit Zitronensaft beträufeln. 2 Birnenhälften beiseite legen, die restlichen Birnen klein schneiden. Gelatine in kaltem Wasser einweichen.

2. Weißwein, Sekt und restlichen Zitronensaft zum Zuckersaft geben und zum Kochen bringen. Birnenhälften darin pochieren, aus der Flüssigkeit nehmen und nun die restlichen Birnen darin weich kochen. Durch ein Sieb streichen. Gelatine ausdrücken und unter das heiße Birnenmus mischen. Mit Birnenbrand abschmecken und abkühlen lassen.

3. Für die Soße Preiselbeeren pürieren und Likör unterrühren. Sahne leicht anschlagen und unter die Preisbeeren ziehen. Birnenhälften länglich in dünne Scheiben schneiden.

4. Die Soße als Spiegel auf große Dessertteller gießen, Birnenscheiben sternförmig darauf auslegen. Aus dem Birnenmus mit dem Löffel kleine Nockerln stechen und zu den Birnenscheiben geben. Mit Minzeblättern garnieren und servieren.

Sie können das Birnenmus auch in Portionsförmchen geben und stürzen.

Mein Tipp:

Zwetschgenküchlein mit Zwetschgenmus

1. Blätterteig auftauen lassen. Zwetschgen waschen, halbieren, entsteinen und in Streifen schneiden.

2. Blätterteigplatten aufeinander legen und möglichst dünn ausrollen. 4 Kreise von etwa 12–14 Zentimeter Durchmesser ausschneiden. Kühl stellen. Butter, Zucker, Marzipan-Rohmasse und Ei miteinander verrühren und zum Schluss Mehl unterarbeiten. Ofen auf 220 Grad vorheizen.

3. Blätterteigböden auf ein mit Backpapier ausgelegtes Backblech legen und mit der Marzipanmasse bestreichen. Dabei einen kleinen Rand lassen. Zwetschgenspalten kreisförmig auf die Marzipanmasse verteilen. Im vorgeheizten Backofen etwa 15 Minuten backen.

4. Zwetschgenmus mit Zwetschgenwasser verrühren und in einem kleinen Topf erhitzen. Zwetschgenküchlein mit der warmen Zwetschgenglasur bestreichen und noch warm servieren.

Mein Tipp:

_____

_____

_____

_____

200 g Blätterteig (tiefgekühlt)
500 g reife Zwetschgen
60 g weiche Butter
60 g Zucker
60 g Marzipan-Rohmasse
1 Ei
30 g Mehl
2 EL Zwetschgenmus
Zwetschgenwasser

Joghurtcreme mit Fruchtkompott

Für die Creme:

350 g Naturjoghurt

3 Blatt Gelatine

4 EL Zitronensaft

2 EL Orangenblütenwasser

3 EL Puderzucker

Mark von ½ Vanilleschote

150 ml Sahne

Für das Fruchtkompott:

150 g Zwetschgen

1 feste Birne

100 g weiße Trauben

1 Kiwi

Zucker

Obstbrand

Minzeblättchen zum Garnieren

1. Joghurt etwa 30 Minuten in einem Sieb abtropfen lassen. Joghurt in eine Schüssel geben. Gelatine in kaltem Wasser einweichen.

2. Joghurt mit 2 Esslöffel vom Zitronensaft, Orangenblütenwasser und 2 Esslöffel vom Puderzucker und dem Mark der Vanilleschote glatt verrühren.

3. Sahne mit 1 Esslöffel Puderzucker steif schlagen. Gelatine nach Anweisung schmelzen lassen und unter die Joghurtcreme rühren. Sahne vorsichtig unterheben. Die Creme in Portionsförmchen füllen und mindestens 2 Stunden kühlen.

4. Für das Fruchtkompott Zwetschgen waschen, entsteinen und in Streifen schneiden. Birne waschen, schälen, vierteln, Kerngehäuse entfernen und in feine Spalten schneiden. Mit restlichem Zitronensaft und Zwetschgen vermischen. Trauben waschen und vierteln. Kiwi schälen, längs halbieren und in feine Scheiben schneiden. Beides unter die Zwetschgen-Birnen-Mischung heben. Mit Zucker und Obstbrand abschmecken.

5. Kompott auf Dessertteller anrichten. Die Förmchen bis fast unter den Rand kurz in heißes Wasser tauchen und auf das Kompott stürzen. Mit Minzeblättchen garnieren.

Mein Tipp:

Apfelsorbet mit Schuss

1. Apfelsaft, Zucker und Calvados verrühren, bis der Zucker aufgelöst ist. Kühl stellen. Äpfel waschen, vierteln, Kerngehäuse entfernen und fein pürieren. Sofort Zitronensaft und -schale unterrühren.

2. Püree mit dem abgekühlten Sirup mischen. Sorbetmischung in ein Gefäß füllen und im Tiefkühlfach gefrieren lassen. Dabei gelegentlich mit dem Schneebesen gut durchrühren.

3. Etwa 5 Minuten vor dem Servieren aus dem Tiefkühlfach nehmen. Aus dem Apfelsorbet mit dem Löffel kleine Nockerln stechen und auf Portionsteller geben. Mit Minzeblättern garnieren und servieren.

1 l naturtrüber Apfelsaft

4 EL Zucker

3 EL Calvados

2 rote Äpfel

Saft und abgeriebene Schale von 1 unbehandelten Zitrone

Minzeblättchen zum Garnieren

Mein Tipp:

Apfel-Birnen-Dessert

1. Zitronensaft mit Birnendicksaft verrühren. Äpfel und Birnen waschen, schälen, vierteln, Kerngehäuse entfernen und in feine Spalten schneiden. Sofort in der Marinade wenden. Zucker in einem weiten Topf karamellisieren lassen, mit Wein ablöschen. Nelken zugeben und so lange kochen lassen, bis sich der Karamell aufgelöst hat.

2. Apfel- und Birnenspalten mit der Marinade in den Sud geben. Bei schwacher Hitze garen, aber nicht zerfallen lassen. Obstspalten mit dem Schaumlöffel aus dem Sud nehmen, abtropfen lassen. Nelken entfernen und Sud zu einem leichten Sirup einkochen lassen. Walnusskerne hineinlegen und mit dem Sirup überziehen.

3. Obstspalten auf Desserttellern anrichten, Sirup und Nüsse darauf verteilen. Mit halb steif geschlagener Sahne servieren.

Saft von 1 Zitrone

2 EL Birnendicksaft

3 mürbe Äpfel

3 reife Birnen

40 g Zucker

4 Gewürznelken

350 ml trockener Weißwein

80 g Walnusskerne

¼ l Sahne

Mein Tipp:

Birnenknödel

240 g Zucker

2 Zimtstangen

3 Gewürznelken

4 feste aromatische Birnen

250 g Mehl

150 g kalte Butter

80 g Puderzucker

90 ml Zitronensaft

1 Prise Salz

1 Eiweiß

1 Eigelb

200 ml Sahne

1 TL Vanillinzucker

1. Zucker in 1½ Liter Wasser in einem Topf bei mittlerer Hitze auflösen. Zimtstangen und Nelken zugeben und aufkochen lassen.

2. Birnen waschen, schälen, dabei die Stiele erhalten. Mit einem Ausstecher Kerngehäuse entfernen. Birnen in den Topf geben und in etwa 10 Minuten gar kochen. Mit dem Schaumlöffel vorsichtig herausnehmen und abkühlen lassen.

3. Mehl in eine Rührschüssel sieben. In Würfel geschnittene Butter und Puderzucker einarbeiten. Zitronensaft und Salz zugeben und die Zutaten zu einem geschmeidigen Teig verkneten. Teig zu einer Kugel formen und 1 Stunde im Kühlschrank ruhen lassen. Backofen auf 180 Grad vorheizen.

4. Ein Viertel des Teigs zu einem Kreis von 25 Zentimeter Durchmesser ausrollen. Eine Birne in die Mitte des Kreises setzen. Teig zu einem breiten Kreuz aufschneiden und die Teigarme vorsichtig nacheinander an der Birne klappen. Die Ränder mit Eiweiß bepinseln und zusammendrücken. Mit den ausgeschnittenen Teigstücken Blätter formen und die Birne verzieren. Mit den restlichen Birnen ebenso verfahren.

5. Eigelb mit wenig Wasser verquirlen und die Birnen damit bestreichen. Auf ein mit Backpapier ausgelegtes Backblech setzen und in etwa 30 Minuten goldgelb backen.

6. Sahne mit Vanillinzucker halbfest schlagen. Birnen auf Desserttellern anrichten, mit der Sahne servieren.

Mein Tipp:

Creme mit Äpfeln und Stachelbeeren

1. Stachelbeeren waschen, Stiele und Blütenansätze entfernen, Äpfel waschen, schälen, vierteln, Kerngehäuse entfernen und in feine Spalten schneiden. Sofort mit Zitronensaft beträufeln. Einige Scheiben zum Garnieren beiseite stellen.

2. ¼ Liter Wasser mit Wein, Vanillinzucker und Honig in einem Topf aufkochen lassen. Früchte zugeben und bei schwacher Hitze garen, bis sie zerfallen. Mit dem Pürierstab pürieren und Fruchtmasse abkühlen lassen.

3. Joghurt mit Quark mischen und unter die Fruchtmasse mengen. Auf 4 Gläser verteilen und mit den Apfelscheiben und Melisseblättchen garnieren. Gut gekühlt servieren.

500 g Stachelbeeren

3 rote säuerliche Äpfel

1 EL Zitronensaft

¼ l trockener Weißwein

1 TL Vanillinzucker

2 EL Honig

150 g Naturjoghurt

250 g Quark

Melisseblättchen zum Garnieren

Mein Tipp:

Sherrypflaumen

25 g Rosinen

100 ml Sherry medium

3 EL Rohrzucker

1 Zimtstange

abgeriebene Schale von
1 unbehandelten Orange

500 g Pflaumen

3 unbehandelte Orangen

200 ml Sahne

1. Rosinen mit Sherry, Zucker, Zimtstange und etwas Orangenschale in einen Topf geben und aufkochen. Vom Herd nehmen und etwas abkühlen lassen.

2. Pflaumen waschen, halbieren und entkernen. Orangen waschen, schälen und das Fruchtfleisch in Scheiben schneiden. Pflaumen in den Sud geben und 6–8 Minuten garen, bis sie weich sind, aber nicht zerfallen. Orangenscheiben zugeben und kurz aufkochen.

3. Orangenschale und Zimtstange aus dem Kompott nehmen. Sahne halbfest schlagen. Kompott auf 4 Glasschüsselchen verteilen und mit der Sahne heiß servieren.

Mein Tipp:

Birnenkompott in Rotwein

100 g Zucker

¼ l Wasser

⅜ l trockener Rotwein

½ Zimtstange

4 Gewürznelken

400 g feste aromatische Birnen

1 EL Speisestärke

Melisseblättchen zum Garnieren

1. Zucker, Wasser, Wein mit Zimtstange und Gewürznelken aufkochen.

2. Birnen waschen, schälen, vierteln, Kerngehäuse entfernen und Birnen in feine Spalten schneiden. In den Topf geben und ungefähr 20 Minuten bei schwacher Hitze garen, bis sie weich sind, aber nicht zerfallen. Birnen, Zimtstange und Gewürznelke mit dem Schaumlöffel aus dem Topf nehmen.

3. Birnen auf 4 Dessertschüsselchen verteilen. Speisestärke mit etwas kaltem Wasser anrühren und in die Flüssigkeit rühren. Aufkochen lassen und über die Birnen gießen. Mit Melisseblättchen garnieren. Heiß oder kalt servieren.

Mein Tipp:

Kalte Zwetschgensuppe mit Korinthenpudding

1. Zwetschgen waschen, entsteinen. 160 Gramm Zucker, Weißwein, Zwetschgenbrand, aufgeschlitzte Vanilleschote, Zimtstange und Gewürznelken in einem Topf aufkochen lassen. Zwetschgen zugeben und bei mittlerer Hitze etwa 10 Minuten kochen lassen. Gelatinepulver in wenig kaltem Wasser anrühren und unter den Zwetschgenfond rühren. Im kalten Wasserbad abkühlen lassen, mehrmals umrühren.

2. Für den Pudding Korinthen in Rum einweichen. Mandeln in einer Pfanne trocken rösten. Eier trennen. Butter mit 45 Gramm Zucker schaumig rühren und Eigelb nach und nach zugeben. Ofen auf 180 Grad vorheizen. Eiweiß mit restlichem Zucker steif schlagen. Rumkorinthen, Mandeln und Biskuitbrösel mit der Eigelbmasse verrühren. Die Eischneemasse vorsichtig unterheben.

3. 4 Förmchen mit Butter auspinseln, mit Zucker ausstreuen und die Puddingmasse einfüllen. Die Förmchen in ein Wasserbad stellen und im Backofen 25–30 Minuten pochieren.

4. Für die Garnitur Zwetschgen entsteinen, halbieren, in Streifen schneiden. Mit Puderzucker bestäuben und im Backofen 3–4 Minuten glasieren. Zwetschgensuppe auf Dessertteller verteilen, den Pudding darauf stürzen und mit den glasierten Zwetschgen anrichten.

Mein Tipp:

_____

_____

_____

_____

Für die Suppe:

500 g reife Zwetschgen

250 g Zucker

650 ml trockener Weißwein

50 ml Zwetschgenbrand

1 Vanillestange

1 Zimtstange

4 Gewürznelken

5 g Gelatinepulver

Für den Pudding:

50 g Korinthen

30 ml Rum

80 gemahlene Mandeln

3 Eier, 85 g Butter

80 g Biskuitbrösel

2 EL flüssige Butter

Zucker für die Förmchen

Zum Garnieren:

6 kleine Zwetschgen

etwas Puderzucker

Apfel-Zimt-Muffins mit Zwetschgenmus

Für den Teig:

2 mittelgroße mürbe Äpfel

250 g Mehl

½ TL Backpulver

1½ TL gemahlener Zimt

80 g gehackte Walnüsse

1 Ei

150 g Honig

100 ml Öl

300 ml Buttermilch

gehackte Walnüsse
zum Garnieren

Für das Zwetschgenmus:

1 kg Zwetschgen

3 Blatt Gelatine

Saft von 1 Orange

Saft von 1 Zitrone

100 ml roter Portwein

80 g Rohrzucker

½ Zimtstange

200 ml Sahne

50 ml Crème fraîche

Puderzucker zum Garnieren

1. Für den Teig Äpfel waschen, schälen, vierteln, Kerngehäuse entfernen und grob reiben. Backofen auf 180 Grad vorheizen. Ein Muffinblech fetten oder Papierförmchen hinsetzen.

2. Mehl, Backpulver, Zimt, Nüsse und Äpfel mischen. In einer weiteren Schüssel Ei aufschlagen und verquirlen. Honig, Öl und Buttermilch zugeben und alles vermengen und vorsichtig unter die Mehlmischung heben.

3. Die Muffinförmchen zu etwa zwei Dritteln mit Teig füllen, gehackte Walnüsse darüber streuen. Muffins etwa 10–15 Minuten backen. In der Form etwas abkühlen lassen, auf einem Kuchengitter auskühlen lassen.

4. Für das Zwetschgenmus Zwetschgen waschen, halbieren und entsteinen. Gelatine in kaltem Wasser einweichen. In einem Topf Orangen- und Zitronensaft, Portwein, Zucker und Zimtstange aufkochen. Zwetschgen hinzugeben und weich garen. Die Hälfte der Früchte mit dem Schaumlöffel aus dem Topf nehmen und beiseite stellen. Die restlichen Zwetschgen weitere 4–5 Minuten garen, dann mit dem Pürierstab fein pürieren. Gelatine ausdrücken und im warmen Zwetschgenpüree unter Rühren auflösen. Kühl stellen.

5. Sahne steif schlagen. Crème fraîche glatt rühren und unter die Sahne heben. Sahne-Mischung unter das Zwetschgenpüree heben und mindestens 3 Stunden kalt stellen.

6. Zwetschgenkompott auf Teller anrichten, mit dem Eisportionierer von dem Mus Kugeln abstechen und daneben anrichten. Mit je einem Muffin servieren. Mit Puderzucker bestäuben.

Mein Tipp:

Quarkpfannkuchen mit Apfelkompott

1. Eier verschlagen, Quark, Salz, Öl und Mehl zugeben und Zutaten zu einem glatten Teig verrühren.

2. Beschichtete Pfanne mit Butter auspinseln. Erhitzen und pro Pfannkuchen etwa 3 Esslöffel Teigmischung hineingeben. Von beiden Seiten 2–3 Minuten hellgelb backen. Die fertigen Pfannkuchen jeweils warm stellen.

3. Für das Kompott Äpfel waschen, schälen, vierteln, Kerngehäuse entfernen und grob würfeln. In einem Topf 3–4 Esslöffel Wasser, Zitronensaft, Nelken und Brandy aufkochen lassen. Früchte zugeben und bei geringer Hitze garen, bis sie zerfallen.

4. Kompott auf die Pfannkuchen geben, diese zu Dreiecken zusammenfalten. Auf Teller anrichten und mit Puderzucker bestäuben.

Mein Tipp:

_____

_____

_____

_____

Für die Pfannkuchen:

2 Eier

200 g Magerquark

1 Prise Salz

1 EL Öl

50 g Dinkelmehl

1 EL flüssige Butter zum Backen

Für das Kompott:

3 mürbe Äpfel

Saft von ½ Zitrone

1 Msp. gemahlene Nelken

1 EL Brandy

Puderzucker zum Bestäuben

Getränke

Apfel-Mango-Schorle

1 reife Mango

etwas Zitronensaft

4 aromatische Äpfel

Mineralwasser

1. Mango schälen, Fruchtfleisch vom Kern lösen, mit Zitronensaft beträufeln und sofort im Mixer pürieren.

2. Äpfel vierteln, Kerngehäuse entfernen, in einer Saftpresse entsaften.

3. Mangopüree sofort mit Apfelsaft vermischen, in 4 Bechergläser verteilen und mit gekühltem Mineralwasser aufgießen.

Mein Tipp:

Birnenlikör

1 große reife Birne

1 l Wodka

300 g Zucker

5 EL Birnengeist

1. Birne waschen, trocknen. Mit einer spitzen Gabel mehrmals vorsichtig einstechen. In ein großes Glasgefäß mit fest schließendem Deckel geben. Mit Wodka auffüllen und verschließen. Bei Zimmertemperatur 1 Monat stehen lassen.

2. Zucker nach einem Monat zugeben und leicht verrühren. Glas wieder verschließen und mindestens 4–6 Monate stehen lassen.

3. Birnengeist zugießen und vorsichtig verrühren. Nun kann der Likör verkostet werden.

Mein Tipp:

Birnen-Milch-Shake

1. Birnen waschen, vierteln, Kerngehäuse entfernen. Im Mixer pürieren. Milch zugeben und kurz mixen.

2. In Gläser füllen und mit Schokoladenraspel garnieren. Sofort servieren.

4 reife saftige Birnen

600 ml sehr kalte Milch

2 EL Schokoladenraspel

Mein Tipp:

_____

_____

_____

Gemüsesaft mit Apfel

1. Fenchel waschen, halbieren und klein schneiden. Fenchelgrün beiseite legen. Möhren unter fließendem Wasser bürsten und längs halbieren. Äpfel waschen, vierteln, Kerngehäuse entfernen.

2. Fenchel, Möhren und Äpfel im Entsafter auspressen, einige Tropfen Öl zugeben.

3. Saft in 4 Gläser füllen und mit Cayennepfeffer und gehacktem Fenchelgrün bestreuen. Sofort servieren.

1 große Fenchelknolle

4 mittelgroße Möhren

2 große aromatische Äpfel

einige Tropfen Öl

1 Prise Cayennepfeffer

Mein Tipp:

_____

_____

_____

Drei-Früchte-Drink

400 ml naturtrüber Apfelsaft

1 kleine Banane

1 TL Zitronensaft

200 ml Birnensaft

etwas stilles Mineralwasser

Apfelschale zum Garnieren

1. Apfelsaft in den Mixer geben und mit Banane, Zitronen- und Birnensaft kräftig mixen.

2. In Gläser füllen und mit etwas Mineralwasser aufgießen. Jedes Glas mit einem Stück Apfelspirale garnieren. Mit dicken Halmen servieren.

Mein Tipp:

_____

_____

_____

Birnen-Nuss-Shake

400 g vollreife weiche Birnen

2 EL Zitronensaft

3 EL fein geriebene Haselnüsse

1 EL Instant-Haferflocken

1 EL Honig

500 g sehr kalte Buttermilch

4 Zitronenscheiben zum Garnieren

1. Birnen waschen, vierteln, Kerngehäuse entfernen und in den Mixer geben. Zitronensaft, Nüsse, Haferflocken, Honig und etwas Buttermilch zugeben und kräftig mixen. Restliche Buttermilch zugeben und auf höchster Stufe einige Sekunden kräftig mixen.

2. Shake in Gläser gießen, mit der Zitronenscheibe garnieren und sofort servieren.

Mein Tipp:

_____

_____

_____

Apfel-Kirsch-Schorle

1. Apfelsaft mit Kirschsaft mischen und auf Gläser verteilen. Mit Mineralwasser aufgießen.

Mein Tipp:

_____

_____

_____

300 ml naturtrüber Apfelsaft

300 ml Kirschsaft

200 ml Mineralwasser

Birne Helene

1. Birnen waschen, vierteln, Kerngehäuse entfernen und im Mixer fein pürieren.

2. Milch und Kakaopulver untermischen und in Gläser verteilen. Mit Trinkhalmen servieren.

Mein Tipp:

_____

_____

_____

4 vollreife weiche Birnen

½ l sehr kalte Milch

4 EL Kakaopulver

Apfel-Möhren-Mix

1. Äpfel waschen, vierteln, Kerngehäuse entfernen und fein raspeln. Sofort mit Zitronensaft beträufeln. Möhrensaft und Milch zugeben und alles im Mixer verrühren. In Gläser füllen und sofort servieren.

Mein Tipp:

_____

_____

_____

2 säuerliche Äpfel

4 EL Zitronensaft

½ l Möhrensaft

200 ml Milch

Holunder-Apfel-Drink

300 ml Holunderbeersaft
(ungesüßt)

1 EL Honig

1 EL Weizenkeime

200 ml naturtrüber Apfelsaft

1. Holunderbeersaft mit Honig mischen, Weizenkeime unterrühren. Drink in Gläser gießen und mit Apfelsaft auffüllen.

Mein Tipp:

Apfeltee-Cocktail

½ l Wasser

4 Beutel Früchtetee

2 Äpfel

1 Msp. geriebene Muskatnuss

1 Msp. gemahlener Zimt

4 EL Birnendicksaft

100 ml Whiskey

1. Wasser aufkochen, Teebeutel zufügen und 4 Minuten ziehen lassen. Teebeutel entfernen.

2. Äpfel schälen, halbieren, das Kerngehäuse entfernen. Äpfel auf einer feinen Reibe in den Tee raspeln. Muskatnuss, Zimt und Birnendicksaft zugeben, den Tee 5 Minuten ziehen lassen. Whiskey zugeben und den Cocktail servieren.

Mein Tipp:

Birnen-Grapefruit-Drink

350 ml Grapefruitsaft

¼ l Birnennektar

2 TL Limettensaft

1 Glas zerstoßenes Eis

Mineralwasser

1. Säfte und Limettensaft mischen. Eis in 4 Gläser geben. Saft in die Gläser gießen und mit Mineralwasser auffüllen. Sofort servieren.

Mein Tipp:

Apfel-Birnen-Cocktail

1. Ingwer schälen, fein reiben, mit Zimtstangen, Birnendicksaft, Zitronensaft und ein Drittel des Apfelsaftes in einen Kochtopf geben, aufkochen und 10 Minuten köcheln lassen. Abseihen und die Flüssigkeit zurück in den Topf geben.

2. Äpfel und Birnen waschen, vierteln, das Kerngehäuse entfernen und quer in Scheiben schneiden.

3. Apfel- und Birnenscheiben zum Apfelsaft in den Kochtopf geben und weich kochen. Abkühlen lassen, mit dem restlichen Apfelsaft und dem Apfelwein mischen. Kühl servieren.

Mein Tipp:

1 Stück Ingwerwurzel (etwa 5 cm)
2 Zimtstangen
5 EL Birnendicksaft
Saft von 1 Zitrone
1 l naturtrüber Apfelsaft
500 g säuerliche Äpfel
2 Birnen
1½ l Apfelwein

Apfel-Basilikum-Bowle

1. Basilikum waschen, trockentupfen. Einige Stängel in eine Bowlenschüssel legen, 1 Liter Apfelwein zugießen und 2 Stunden ziehen lassen.

2. Basilikum aus der Bowle nehmen. Blätter des restlichen Basilikums fein hacken und in die Bowlenschüssel geben.

3. Melone halbieren, Kerne entfernen und mit einem Kugelausstecher Kugeln ausstechen. Äpfel halbieren, Kerngehäuse entfernen und ebenfalls Kugeln ausstechen.

4. Fruchtkugeln in die Bowle geben, restlichen Wein zugeben, mit dem Zucker süßen. In Gläser anrichten und mit Basilikum garnieren.

Für eine alkoholfreie Bowle den Apfelwein je zur Hälfte durch Mineralwasser und naturtrüben Apfelsaft ersetzen.

Mein Tipp:

1½ Bd. Basilikum
2 l Apfelwein (gut gekühlt)
1 Netzmelone
2 Äpfel
6 EL Zucker

Apfel-Orangen-Mix

4 saftige Äpfel

4 Blutorangen

½ l naturtrüber Apfelsaft

1 EL Limettensaft

2 EL Honig

1. Äpfel waschen, schälen, vierteln, Kerngehäuse entfernen und in Stücke schneiden. Orangen auspressen.

2. Apfelstücke mit Orangen- und Apfelsaft im Mixer fein pürieren, mit Limettensaft und Honig abschmecken. In Gläser füllen und sofort servieren.

Mein Tipp:

_____

_____

Birnen-Apfel-Mix

2 große saftige Äpfel

2 weiche saftige Birnen

¼ l naturtrüber Apfelsaft

¼ l Birnensaft

1 TL Zitronensaft

1 Msp. gemahlener Zimt

1. Äpfel und Birnen waschen, schälen, vierteln, Kerngehäuse entfernen und in Stücke schneiden.

2. Obststücke mit Apfel- und Birnensaft, Zitronensaft und Zimt im Mixer pürieren. Auf Gläser verteilen und frisch servieren.

Dieser gesunde Drink erhöht die Ballaststoffzufuhr und ist damit gut für die Verdauung.

Mein Tipp:

_____

_____

_____

Apfel-Sellerie-Saft

1. Äpfel waschen, vierteln, Kerngehäuse entfernen und in Stücke schneiden. Sellerie schälen und in Stücke schneiden. Zitrone auspressen.

2. Apfel und Sellerie entsaften und mit Zitronensaft verrühren. In Gläser füllen und frisch servieren.

Mein Tipp:

4 große saftige Äpfel

700 g Knollensellerie

1 Zitrone

Apfel-Meerrettich-Saft

1. Äpfel waschen, schälen, vierteln, Kerngehäuse entfernen und in Stücke schneiden. Meerrettich schälen und klein schneiden.

2. Apfel und Meerrettich entsaften, in Gläser füllen und sofort servieren.

Mein Tipp:

1½ kg saftige Äpfel

1 Stück Meerrettichwurzel (etwa 5 cm)

Birnen-Sellerie-Drink

4 reife saftige Birnen

600 g Knollensellerie

2 Zitronen

Melisseblättchen zum Garnieren

1. Birnen waschen, vierteln, Kerngehäuse entfernen. Sellerie schälen und in Stücke schneiden. Zitronen auspressen.

2. Birnen und Sellerie entsaften, Zitronensaft zugeben. Saft in Gläser gießen und mit Melisseblättchen garnieren.

Mein Tipp:

Apfelfrappé

3 saftige Äpfel

300 g Joghurt

300 ml Milch

300 g Zitronensorbet

4 EL Weizenkeimgranulat

1. Äpfel waschen, vierteln, Kerngehäuse entfernen und in Stücke schneiden.

2. Apfelstücke mit Joghurt und Milch im Mixer pürieren. Zitronensorbet zugeben und nochmals kurz mixen. Frappé in Gläser füllen und mit Weizenkeimgranulat bestreuen.

Mein Tipp:

Gemischtes Fruchtgetränk

1. Erdbeeren putzen, waschen, abtropfen lassen. Äpfel waschen, vierteln, Kerngehäuse entfernen und in Stücke schneiden. Rhabarber waschen, klein schneiden.

2. Vorbereitetes Obst in den Mixer geben und fein pürieren. Traubenzucker und Apfelsüßmost zugeben und gut mixen.

3. Eiswürfel zerkleinern und in die Gläser geben, Fruchtgetränk zugeben und mit Mineralwasser auffüllen. Sofort mit Strohhalm oder Limonadenlöffel servieren.

Mein Tipp:

200 g frische Erdbeeren

200 g rote saftige Äpfel

200 g Rhabarber

3 EL Traubenzucker

¼ l Apfelsüßmost

4 Eiswürfel

Mineralwasser

Apfel-Sanddorn-Cocktail

1. Gut gekühlten Apfelsaft mit Zitronensaft, Sanddornsaft und Traubenzucker im Mixer verrühren.

2. In Gläser gießen und mit Mineralwasser auffüllen. Eiswürfel zerkleinern und in die Gläser geben.

Mein Tipp:

½ l naturtrüber Apfelsaft

Saft von 1 Zitrone

3 EL Sanddornsaft

1 EL Traubenzucker

Mineralwasser

3–4 Eiswürfel

Fruchtpunsch

3 TL Schwarzteeblätter

1 l Apfelsüßmost

abgeriebene Schale von
1 unbehandelten Zitrone

Saft von 2 Zitronen

Saft von 1 Grapefruit

Saft von 4 Orangen

Zucker nach Geschmack

1. Teeaufguss von ½ Liter kochendem Wasser herstellen. Etwa 5 Minuten ziehen lassen, abseihen.

2. Süßmost mit Zitronenschale, Saft von Zitronen, Grapefruit und Orangen sowie mit etwas Zucker in einem Topf erhitzen, aber nicht kochen. Zucker nach Geschmack zugeben.

3. Punsch abseihen und noch heiß in Punschgläsern servieren.

Wer den Punsch alkoholfrei will, ersetzt den Süßmost durch naturtrüben Apfelsaft.

Mein Tipp:

Apfel-Beeren-Punsch

¾ l naturtrüber Apfelsaft

¾ l schwarzer
Johannisbeersaft

Zucker nach Geschmack

3 Gewürznelken

½ Zimtstange

1 Stück Zitronenschale

Saft von 1 Zitrone und
4 Orangen

1. Apfelsaft und Johannisbeersaft mit wenig Zucker, Gewürzen und Zitronenschale erhitzen, jedoch nicht kochen lassen. Etwas ziehen lassen und Zitronen- und Orangensaft zufügen.

2. Abseihen, mit Zucker abschmecken und heiß servieren.

Mein Tipp:

Rezepte von A–Z

A

Apfel im Schlafrock mit
  Birnencreme 113
Apfelauflauf 32
Apfel-Basilikum-Bowle 137
Apfel-Birnen-Cocktail 137
Apfel-Birnen-Dessert 123
Apfel-Birnen-Punsch 142
Apfelbrot mit Bratapfeleis 119
Apfel-Creme-Kuchen mit
  Nussbelag 75
Apfel-Endivien-Salat 16
Apfel-Fenchel-Salat 13
Apfel-Fleisch-Topf 43
Apfelfrappé 140
Apfel-Gurken-Salat mit
  gebratenem Lammfilet 15
Apfel-Ingwer-Pie 70
Apfel-Kartoffel-Auflauf 43
Apfel-Käse-Salat 20
Apfel-Kastanien-Salat 22
Apfel-Kirsch-Schorle 135
Apfelkuchen mit Datteleis
  und Karamell 65
Apfelkuchen mit
  Hagebutten 88
Apfelkuchen mit
  Marzipangitter 72
Apfelküchlein mit Marzipan 67
Apfelküchlein mit Kakao-
  Orangen-Eis 110
Apfel-Linsen-Pfanne 44
Apfel-Mango-Schorle 132
Apfel-Meerrettich-Saft 139
Apfel-Mohn-Kuchen 81
Apfel-Möhren-Mix 135
Apfelmuffins mit
  Haselnussstreuseln 78
Apfel-Orangen-Mix 138
Apfelpfannkuchen 32
Apfel-Quark-Kuchen 84
Apfelreis mit Himbeersoße 99
Apfel-Rhabarber-Kuchen 79
Apfelrösti mit Meerrettich
  und weißer Pfeffersoße 27

Apfel-Sanddorn-Cocktail 141
Apfelschmarrn 30
Apfel-Sellerie-Saft 139
Apfelsorbet mit Schuss 123
Apfelstrudel 62
Apfeltarte mit Blätterteig 76
Apfeltaschen 86
Apfeltee-Cocktail 136
Apfeltörtchen in
  Vanillesoße 117
Apfel-Zimt-Muffins mit
  Zwetschgenmus 128

B

Birne Helene 135
Birne mit Kastanienmus 111
Birnen an Rotweinsoße mit
  Zimtparfait 104
Birnen auf Joghurt 107
Birnen-Apfel-Mix 138
Birnen-Apfel-Obstsalat 108
Birnen-Bohnen-Salat 23
Birnen-Brie-Salat 14
Birnencreme auf
  Preiselbeersoße 120
Birnen-Grapefruit-Drink 136
Birnen-Gurken-Salat 19
Birnen-Käse-Kuchen 64
Birnenknödel 124
Birnenkompott in Rotwein 126
Birnenkuchen mit
  Sauerrahmguss 73
Birnen-Lauch-Kuchen mit
  Blauschimmelkäse 35
Birnenlikör 132
Birnen-Mandel-Tarte 71
Birnen-Milch-Shake 133
Birnen-Minz-Sorbet 98
Birnen-Möhren-Salat mit
  Entenbrust 21
Birnenmuffins mit
  Haselnüssen 68
Birnen-Nuss-Shake 134
Birnensalat mit geräucherter

Forelle 17
Birnensalat mit kleinen
  Grießklößchen 93
Birnen-Sellerie-Drink 140
Birnenstrudel mit
  Zwetschgenkompott 101
Birnentorte mit
  Mandelfüllung 66
Bratäpfel mit Marzipan und
  warmer Karamellsoße 92
Brunnenkresse-Rucola-Salat
  mit Birne 14
Bunte Birnenpie 85

C/D

Clafoutis mit Pflaumen und
  Birnen 105
Creme mit Äpfeln und
  Stachelbeeren 125
Dörrapfelterrine mit
  Holunderkompott 115
Dörrobst-Kartoffel-Püree
  mit Entenbrust 40
Drei-Früchte-Drink 134

F/G

Fruchtige Pflaumenmuffins 82
Fruchtpunsch 142
Gartensalat mit Birnen und
  Haselnüssen 18
Gebackene Birnen mit warmer
  Schokoladensoße 96
Gebratenes Lendensteak mit
  Birnenkompott 39
Gedeckter Apfelkuchen vom
  Blech 83
Gefüllte Backpflaumen 22
Gefüllte Bratäpfel 98
Gefüllte Zwetschgen im
  Teigmantel 114
Gemischtes Fruchtgetränk 141
Gemüsesaft mit Apfel 133

Geröstete Knödel mit
  Trockenfrüchten 49
Geschichtete Bratäpfel 116
Gewürzkuchen mit
  Zwetschgenkompott 118

H/J

Hähnchenbrust mit Birnen 36
Hasen mit Pflaumen 52
Herbstkuchen mit Äpfeln und
  Birnen 69
Himmel und Erde 59
Holunder-Apfel-Drink 136
Huhn im Schmortopf mit
  Äpfeln 56
Joghurtcreme mit
  Fruchtkompott 122

K/L

Kalbsleber mit Apfel-
  Zwiebel-Füllung 51
Kalte Zwetschgensuppe mit
  Korinthenpudding 127
Kaninchenfilets mit
  gebratenen Apfelspalten 53
Karamellauflauf mit Birnen 31
Kartoffel-Birnen-Gratin 45
Kartoffel-Birnen-Puffer mit
  Birnenkompott 47
Kasseler mit Äpfeln und
  Currysoße 55
Kleine Birnenpies 77
Kohlrabi mit Birnen 24
Krautsalat mit Äpfeln, Lauch
  und Joghurtdressing 26
Lachskotelett mit Birnen 36

M

Mais-Apfel-Auflauf 56
Maiskuchen mit Pflaumen 80

Marinierte Renke mit Apfel-
  Kartoffel-Salat 16
Matjes mit Apfel-Meerrettich-
  Quark 42
Muschelnudeln mit Birnen
  und Gorgonzola 37

P/Q

Perlhuhnbrust mit Apfel-
  Kartoffel-Gratin 41
Pfannkuchen mit
  Apfelsorbet 109
Pflaumen in Rotwein mit
  Walnusseis 106
Pflaumentorte 84
Pochierte Birnen mit
  Honigsud und Krokant 103
Quarkklößchen mit
  Zwetschgenkompott 112
Quarkknödel mit Birnen-
  Holunder-Soße 95
Quarkpfannkuchen mit
  Apfelkompott 129
Quitten-Apfel-Rolle 87

R

Ravioli mit Dörrbirnen 50
Rindfleisch mit Pflaumen 46
Rohkostsalat mit Äpfeln und
  Roter Bete 12
Rotkohlwickel mit
  Apfelfüllung 54

S

Saure Leber mit Apfel-
  Kartoffel-Püree 34
Scheiterhaufen mit
  Äpfeln 30
Schweinebraten mit
  Pflaumen 38

Schweinebraten mit
  Thymianäpfeln 58
Sherrypflaumen 126

T

Thunfisch-Apfel-Salat 20
Tiroler Apfelkuchen 76
Topfensoufflé mit
  Ingwerbirnen 100
»Torta di mele« –
  Apfelkuchen aus der
  Toskana 80

U/V

Überbackenes Apfelmus 108
Versunkener
  Birnenkuchen 89

W

Waldorfsalat 19
Wels mit Apfelmeerrettich 44
Wildschweinragout mit
  Pflaumen 57

Z

Ziegenkäse auf
  Birnenscheiben 102
Zwetschgenknödel mit
  Zwetschgenkompott 33
Zwetschgenkuchen 63
Zwetschgenküchlein mit
  Zwetschgenmus 121
Zwetschgenmus 97
Zwetschgenpavesen 97
Zwetschgenquark 107
Zwetschgentarte nach
  französischer Art 74
Zwetschgenterrine 94
Zwiebel-Apfel-Quiche 48